Er ist als die größte Blamage, die die Technik je erlitten hat, zum Mythos geworden: der Untergang der Titanic vor hundert Jahren. Mit ihr versank der hemmungslose Fortschrittsglaube der modernen Menschheit. Sie war das größte Schiff der Welt, erbaut auf der Werft Harland & Wolff in Belfast, zur Jungfernfahrt ausgelaufen am 10. April 1912, untergegangen am 15. April, Rauminhalt: 46 328 BRT, Wasserverdrängung 60 000 Tonnen, Länge 269 m, Breite 28 m, Geschwindigkeit: 22 Knoten (41 km/h). Für 1490 Menschen wurde sie zum Sarg.

Exakt nach den Protokollen der Überlebenden, ohne Ausschmückung und frei von Legenden hat Wolf Schneider in einem atemberaubenden Bericht die dramatischen letzten drei Stunden der Titanic im Minutentakt nacherzählt. Der Text dieses Buches ist ein Klassiker der Titanic-Literatur und schon einmal als Stern-Buch erschienen. Er wurde vom Autor aktualisiert, die reichhaltige Illustrierung wurde für diesen Band neu besorgt und vom Autor mit neuen Texten versehen.

Wolf Schneider

MYTHOS TITANIC

Das Protokoll der Katastrophe –
drei Stunden, die die Welt erschütterten

ROWOHLT TASCHENBUCH VERLAG

Veröffentlicht im Rowohlt Taschenbuch Verlag,
Reinbek bei Hamburg, März 2012
Copyright © 2012 by Rowohlt Verlag GmbH,
Reinbek bei Hamburg
Umschlaggestaltung ZERO Werbeagentur, München
(Abbildung: akg-images)
Innengestaltung Daniel Sauthoff
Satz Arnhem PostScript (InDesign)
Druck und Bindung Druckerei C. H. Beck, Nördlingen
Printed in Germany
ISBN 978 3 499 62781 1

INHALT

VORWORT
WARUM DIESES BUCH GESCHRIEBEN WURDE

«Wenn du nicht aufhörst, durch dieses Loch in deiner Visage zu quatschen, dann haben wir bald einen weniger im Boot.» Das ist ein starker Satz, zumal da er in einem der Rettungsboote der Titanic gesprochen worden ist, von einem Steward zu einem Matrosen, der ihm einen Befehl erteilen wollte; und ein starker Satz erst recht, wenn eine gehbehinderte Dame mit einem Herrensitz im Staat New York und einer ständigen Suite im Waldorf-Astoria-Hotel ihn empört zitiert, weil sie als Überlebende nach dem Hergang der Katastrophe befragt wird.

Zu lesen, was diese Dame in der Nussschale ihres Rettungsboots erlebte an jenem schrecklichen 15. April 1912, ihre Aussage vor dem Untersuchungsausschuss des amerikanischen Senats im englischen Original zu lesen und hundert solcher Episoden mehr in den 1200 Seiten, die das Protokoll umfasst: Das war für mich, nach der Lektüre von zwei Dutzend Büchern aus zweiter Hand, wie ein Hinabtauchen zu dem geschundenen Wrack – ja noch faszinierender, weil hier die Toten noch sprechen, weil der Atem jener eisigen Nacht einem heiß entgegenschlägt.

Zu der Faszination kam ein Erstaunen: Wie ist es möglich, dass man in zwei Dutzend Büchern den Satz mit dem Loch in der Visage und hundert weitere atemraubende Details aus dem Protokoll und den anderen Berichten der Überlebenden nie gelesen hat? Das ermutigte mich, über die Titanic doch noch ein Buch zu schreiben – strikt nach den Quellen, weil sie von keiner Phantasie übertroffen werden können; energisch gegen die berühmten Legenden wie die, die Titanic habe einen Geschwindigkeitsrekord aufstellen wollen, und der Kapitän habe die Passagiere der dritten Klasse mutwillig ersaufen lassen; erst recht gegen die oft albernen Erfindungen, von denen es in Romanen und der Mehrzahl der Verfilmungen wimmelt.

Auch las man bisher nirgends, welcher Sicherheitsfanatiker ausgerechnet der legendäre Milliardär John Jacob Astor war: Sechs Rettungsboote und vier Schnellfeuergeschütze hatte er auf seiner Privatyacht installiert, und mit der Titanic ging er unter. So wenig wie man über die menschlichen Hintergründe las oder über das Zeitklima zwei Jahre vor dem Ausbruch des

Ersten Weltkriegs: Da gab es jene angelsächsische Herrenkaste, die ihre Pferde bedeutend besser behandelte als ihre Diener, wie die amerikanische Historikerin Barbara Tuchman schreibt – und deren Angehörige unter den Passagieren der Titanic dennoch mit stoischer Ruhe zusahen, wie ihre Dienstboten gerettet wurden und sie selber nicht.

Kurz: Zu entdecken gab es vieles, und irgendetwas zu erfinden lohnte sich nicht – so unglaublich ist das, was in jener Schreckensnacht des Jahres 1912 wirklich geschah.

Mythen haben die Katastrophe überwuchert.

Ein bisschen lieben wir alle das versunkene Riesenschiff. Was Goethe 1787 über den Untergang von Pompeji schrieb, hätte er auch über den Untergang der Titanic schreiben können: «Es ist viel Unheil in der Welt geschehen, aber wenig, das den Nachfahren so viel Freude gemacht hätte.»

Wolf Schneider

23.39 BIS 23.45 UHR
EIN PALASTHOTEL WIRD AUFGESCHLITZT

So ist nie zuvor und nie danach ein Milliardär gestorben: Im Eiswasser des nächtlichen Atlantiks mit dem Erfrieren ringend, wurde John Jacob Astor von fünfzig Tonnen funkensprühenden Eisens erschlagen – einem der 24 Meter hohen Schornsteine der Titanic, der sich aus den Halterungen riss, als das Hinterschiff sich hoch wie ein Wolkenkratzer ins Wasser stellte. Hätte Astor nicht einen auffallenden Diamanten am Finger getragen und 4000 Dollar in den Taschen gehabt: Nie hätte man die Leiche identifizieren können, die da zerschmettert und rußverschmiert in der Schwimmweste hing.

Erst 28 Minuten zuvor hatte der Milliardär höflich gefragt, ob er seiner Frau ins Rettungsboot folgen dürfe, denn sie sei schwanger. Doch die Reichen wurden auf der Titanic nicht bevorzugt, einer offenbar unsterblichen Legende entgegen – es galt: Frauen und Kinder zuerst!

Wiederum 130 Minuten vor Astors Frage hatte der Eisberg den Unterleib der Titanic aufgeschlitzt, zehn Sekunden lang und überraschend sanft. Leiser hat selten eine Katastrophe

23.39 BIS 23.45 UHR

begonnen als die um 23.40 Uhr am 14. April des Jahres 1912 bei spiegelglatter See, und keine hat mit einem grässlicheren Lärm geendet: aus tausend Kehlen die Entsetzensschreie, das klägliche Heulen, die gewinselten Gebete derer, die in Schwimmwesten im Eiswasser trieben, wobei die Kälte ihnen wie mit Messern in Bauch und Beine schnitt, während zwischen ihnen Kisten, Bretter, Korbstühle, Korkstücke, halbe Türen aus dem Wasser schnellten.

Viele paddelten in letzter Panik durch das Meer der Schreie auf die halbleeren Rettungsboote zu, die ihrerseits in Panik vor ihnen flüchteten, mit Ruderhieben auf die Hände derer, die den Bootsrand trotzdem erreicht hatten. Und auch aus manchem der Boote stieg Geheul zum Himmel, aus Angst vor dem Kentern, ja etliche der Geretteten grölten Seemannslieder oder brachen in Hochrufe aus, um die Todesschreie der Erfrierenden zu übertönen.

Manche Frauen hätten noch mehr geschrien, hätten sie nur geahnt, dass ihre Männer sich unter den Sterbenden befanden – doch wer wusste schon Bescheid in den Rettungsbooten? «Ich dachte, das wären nur die Männer von der Besatzung, die da schrien», gab Mrs. Eloise Hughes Smith später zu Protokoll, «oder vielleicht Zwischendeck-Passagiere, die den Untergang verschlafen hatten.»

Was im und über Wasser keiner hörte, das war das Röcheln und Brüllen jener Hunderte, die an Bord geblieben waren und dort ertranken, erstickten oder erschlagen wurden von niederstürzenden Dampfkesseln, Maschinenteilen, Möbeln, Klavieren, Wandverkleidungen, Kronleuchtern, Statuen und Palmentöpfen – während ihr 269 Meter langer Sarg zehn Minuten lang, den Bug voran, dem Grund des Ozeans entgegensank.

Ein siebenstöckiges Palasthotel mit drei Kellergeschossen, 762 Zimmern und mehr als sieben Kilometern Korridoren und Promenaden – das war die Titanic, mit dem üppigsten Luxus der

Belle Époque ausgestattet und mit dem Geldadel zweier Kontinente an Bord. Doch nun sollte der Palast auch noch schwimmen, und das gelang ihm nur dreizehn Tage lang. Es war, als hätten die dröhnenden 46 000 PS in seinem Keller, betreut und befeuert von 325 Heizern, Kohlentrimmern, Maschinisten, allein dem Zweck gedient, so rasch wie irgend möglich den Eisberg zu rammen und den Palast in den Untergang zu jagen.

23.39 Uhr – 161 Minuten vor dem Ende: Mit ihrer Höchstgeschwindigkeit von 22 Knoten durchpflügt die Titanic den Atlantik mit direktem Kurs auf New York. Fünf Eiswarnungen von anderen Schiffen hat sie erhalten – die erste vor 14 Stunden, die letzte vor 40 Minuten. Die Wassertemperatur ist binnen drei Stunden um sieben Grad gesunken, auf ein Grad unter null (womit beim salzhaltigen Meerwasser der Gefrierpunkt noch nicht erreicht ist).

Zwei Möglichkeiten hätte der Kapitän gehabt, um der Kollision mit einem Eisberg auszuweichen, stellt später die englische Untersuchungskommission fest, die in Konkurrenz zur amerikanischen arbeitet: Kurs nach Süd oder Südwest zu nehmen, also die Route zu verlängern – oder mit Einbruch der Dunkelheit die Geschwindigkeit zu drosseln.

«Warum tat er keins von beiden?», heißt es in dem Abschlussbericht. «Weil es seit mindestens einem Vierteljahrhundert üblich war, dass bei klarer Sicht die Ozeandampfer diesen Kurs einhielten, ihre Geschwindigkeit beibehielten und dem Ausguck vertrauten. Diese Übung war durch Erfahrung gestützt: Es waren keine Unfälle aus ihr gefolgt ... Captain Smith versuchte nicht, eine Rekordfahrt zu machen; er versuchte nicht, irgendjemandem einen Gefallen zu tun. Er machte einen Fehler, einen sehr schmerzlichen Fehler; doch es lässt sich nicht behaupten, dass er grob fahrlässig gehandelt hätte.»

Es bleibt rätselhaft, wie unter diesen Umständen die Legende entstehen konnte, der Kapitän sei dem «Blauen Band» nachgejagt, dem Wimpel, den von 1838 bis 1969 jenes Passagierschiff trug, das den Atlantik am schnellsten überquerte. Darauf war die Titanic gar nicht angelegt: bauchiger und viel größer als die «Mauretania», Rekordhalterin seit 1907, und dabei mit weniger starken Maschinen (46 000 PS gegen 70 000 PS).

Nein, ihre Aufgabe war, den höchsten Luxus anzubieten, der je die Meere befahren hatte. Und pure Erfindung ist, was der UFA-Film von 1943 genüsslich ausmalte: Lord Ismay, der Reeder, habe den Kapitän bestochen, um jeden Preis pünktlich oder vorzeitig in New York einzulaufen, um den Kurs der Reederei-Aktien in die Höhe zu treiben.

Was schließlich zu bedenken bleibt: Unmöglich konnte Captain Edward J. Smith so schlau sein, wie es seine Nachfolger durch den Untergang der Titanic geworden sind.

An Bord herrscht Ruhe um 23.39 Uhr. In der eisigen Aprilnacht ist keiner der 1316 Passagiere an Deck; einzelne Herren sitzen noch in den Rauchsalons, die meisten Fahrgäste haben sich in ihre Kabinen zurückgezogen. «Mein Mann und ich hatten an dem Dinner teilgenommen, das Mr. Ismay (der Reeder) gab», berichtete Mrs. Eloise Hughes Smith aus Philadelphia später. «Das Dinner war nicht besonders fröhlich, wir gingen gegen neun. Nebenan tranken wir noch Kaffee und Likör, halb zwölf ging ich ins Bett.» Das ist zehn Minuten vor der Kollision.

Die einen entkleiden sich gerade, andere lesen noch im Bett, die Mehrzahl schläft schon – wohlig eingehüllt in das größte, komfortabelste und scheinbar perfekteste Stück Technik, das der Mensch je auf die Natur losgelassen hat. Man wird auch vermuten dürfen, dass so manches Paar sich liebt, vertrauensselig wie nur je in einem so eleganten Hotel mit 762 Zimmern. Einige Paare sind gar auf Hochzeitsreise wie der 25-jährige Fabrikant George Harder aus Brooklyn und seine Frau, die die Katastrophe überleben.

Die Gouvernante Elizabeth Shutes allerdings kann nicht schlafen, weil ein Geruch sie irritiert: Von draußen weht es klamm herein wie aus jener Eishöhle, die sie am Eiger-Gletscher besucht hat.

Im Mastkorb («Krähennest») spähen die Matrosen Frederick Fleet und Reginald Lee in die sternklare, aber mondlose Nacht – nur sie. Warum ist kein zusätzlicher Ausguck am Bug postiert?, fragt später die englische Untersuchungskommission. Warum durchforscht nicht auf jeder Seite der Kommandobrücke ein Offizier die Dunkelheit? Beides ist auf dem nahen Frachter «Californian» geschehen, der später eine so unselige Rolle spielt. Und ist der hohe Mastkorb für den einzigen Ausguck nicht gerade der falsche Platz in einer mondlosen Nacht ohne Brandung, die am Eis aufglitzern könnte – müsste der Späher nicht gerade möglichst weit unten hocken, damit ein Eisberg sich wenigstens gegen die Sterne abhebt?

Und warum gibt es auf der Titanic keinen Suchscheinwerfer? Alle britischen Kriegsschiffe führen ihn längst; nur die Handelsmarine leistet sich noch den Leichtsinn, ihre Schiffe lediglich mit Positionslichtern auszustatten. «Ein Suchscheinwerfer hätte uns helfen können», sagen später der Zweite und der Dritte Offizier der Titanic vor dem amerikanischen Ausschuss übereinstimmend.

Auf nur vier Augen also ruht das Schicksal des größten Schiffes der Erde im matten Licht der Sterne. Unbewaffneten Augen noch dazu: Im Mastkorb war zwar ein Fernglas vorhanden, aber nur für die kurze Fahrt von Belfast nach Southampton – nicht von Southampton bis New York! Es klingt unglaublich, und so klang es schon 1912 in den Ohren der amerikanischen Senatoren, die die Überlebenden befragten: Haben Sie denn kein Fernglas angefordert? «Doch», erwiderte der Matrose Fleet, «aber man sagte uns, das sei nicht vorgesehen.» Angenommen, Sie hätten nach Southampton das Fernglas noch gehabt, das Sie vor Southampton hatten – hätten Sie dann den Eisberg auf größere Entfernung erkannt? «Ja, ein bisschen eher.» Wie viel eher? «Nun ja, genug, um dran vorbei zu kommen.» An zwei Sekunden wird dann auch wirklich alles hängen.

23.40 Uhr – 160 Minuten vor dem Untergang: Frederick Fleet sichtet vor dem Bug eine schwarze Masse und läutet die Alarmglocke zur Brücke hinab. Wie weit war die Masse entfernt, als Sie sie entdeckten?, fragt später Senator William Alden Smith, der Vorsitzende des amerikanischen Untersuchungsausschusses. «Keine Ahnung, Sir.» (450 Meter, nimmt die britische Kommission an.) Wie lange vor dem Zusammenstoß machten Sie Ihre Meldung «Eis voraus»? – «Keine Ahnung, Sir.» (Im Ausschuss breitet sich Unruhe aus.) Wollen Sie sagen, dass Sie den Eisberg eine Stunde vor dem Zusammenstoß gemeldet haben? «No, Sir.» Eine halbe Stunde? «No, Sir.» Zehn Minuten? «No, Sir.» Können Sie uns sagen, wie hoch über dem Bootsdeck der Mastkorb war? «No, Sir.» Wissen Sie, ob er 300 oder 60 Meter höher war? Fleet antwortet nicht.

Und wie groß war der Eisberg, als Sie ihn zuerst sahen? «Von Entfernungen und Größen habe ich keine Ahnung, Sir.» War der Eisberg, fragt der Ausschussvorsitzende mit mühsamer Selbstbeherrschung, vielleicht so groß wie der Tisch, an dem ich sitze? «Eher so groß wie zwei von diesen Tischen, Sir.»

So ist also der Mann beschaffen, der den Feind sieht, die

Glocke dreimal läutet und zur Sicherheit das Telefon ergreift, das ihn mit der Brücke verbindet. «Eisberg hart voraus!», ruft er hinunter. Unverzüglich befiehlt der Erste Offizier, William Murdoch, dem Steuermann im Ruderhaus: Kurs backbord! In den Maschinenraum ruft Murdoch hinunter: «Äußerste Kraft zurück!» Leider ist das ein Fehler – der erste von vielen.

Der schwimmende Palast macht eine Fahrt von 22 Knoten, gleich 41 Stundenkilometern oder 11,5 Metern pro Sekunde. Um ihn zu stoppen oder am Eis vorbeizusteuern, stehen also, bei einer Entfernung von 450 Metern, 39 Sekunden zur Verfügung. Das macht das Bremsen – mindestens 90 Sekunden – hoffnungslos und das Ausweichen zu einem Manöver, zu dessen Gelingen eine oder zwei Sekunden fehlen: Denn 37 Sekunden, das wird später mit Hilfe des Schwesterschiffs «Olympic» getestet, dauert es, bis die 60 000 Tonnen Stahl ihren Kurs geändert haben; hinzuzurechnen sind die Schrecksekunde des Ersten Offiziers und die des Steuermanns sowie die Zeit, die dieser braucht, um das Ruder zu drehen.

Dem Eisfeld nicht ausgewichen, das Tempo nicht gedrosselt, den Ausguck nicht verstärkt, weder Fernglas noch Scheinwerfer an Bord – all diese Fehler summieren sich noch nicht zur Katastrophe. Die vollendet sich erst durch den Befehl des Ersten Offiziers. Befahl er Linkskurs, um dem Eisberg auszuweichen, so durfte er gerade nicht beiden Maschinen «Äußerste Kraft zurück» befehlen, sondern nur die linke Schraube hätte rückwärts, die rechte aber mit voller Kraft weiter vorwärts laufen müssen, um die Kurskorrektur zu verstärken und zu beschleunigen.

Tat er das jedoch nicht, so hätte er gerade den Kurs beibehalten müssen: Die Titanic hätte dann zwar den Eisberg noch gerammt, einen furchtbaren Schlag hätte es gegeben, Hunderte von Verletzten und vielleicht Dutzende von Toten – aber untergegangen wäre sie nicht, wenn bloß der Bug eingedrückt gewesen wäre: Darüber werden sich später die Experten einig.

Doch William Murdoch, der Erste Offizier, hat keine Expertenrunde zur Verfügung und keine Zeit, eine Güterabwägung vorzunehmen. Er will dem Palast die Kollision überhaupt ersparen, und indem er dies versucht – mit falschen Mitteln und trotzdem nicht ohne Chance, da es ja nur an zwei Sekunden fehlt –, treibt er ihn in den Untergang.

Das Eis schrammt die Titanic fünf bis sieben Meter unter Wasser fast in einem Drittel ihrer Länge und schlägt, vermutlich durch mehrfachen Anprall verursacht, sechs Löcher in ihre Außenhaut. (Das wissen wir erst seit 1996 – woher, steht im letzten Kapitel.) Jedes dieser Löcher ist so klein, dass der Laie staunt, wie durch sie ein solches Riesenschiff in die Tiefe gezerrt werden konnte: zusammen nämlich etwas kleiner als die Oberfläche eines durchschnittlichen Schreibtischs.

Die Größe errechnete noch 1912 der für die Schotten zuständige Ingenieur in Belfast, Edward Wilding – einfach, indem er fragte: Wie viele Tonnen Wasser müssen in die Titanic hineingedrückt haben, damit sie absoff? Mindestens 60 000 Tonnen. Da es 160 Minuten dauerte bis zum Untergang: Wie viel Wasser muss demnach pro Minute hineingeschossen sein? Rund 400 Tonnen. Und wie groß ist ein Loch, das mit dem Wasserdruck dicht unter der Oberfläche 400 Tonnen pro Minute durchlässt, etwas weniger als sieben Kubikmeter pro Sekunde? 1,2 Quadratmeter. Diesem bescheidenen Maß entsprechend ist der Anprall an Bord kaum zu spüren. Aufs vordere Welldeck, den 4. Stock, poltern ein paar Tonnen Eis, aber nicht einem Menschen an Bord wird auch nur ein Haar gekrümmt: Gerade dass es ein paar Heizer aus ihrer Koje auf den Boden wirft, rechts vorn auf dem Salondeck sind sie einquartiert (dem 3. Stock), direkt über den klaffenden Wunden.

Die Wunden selbst sehen zunächst nur die Heizer im vordersten Kesselraum auf dem Orlopdeck, dem obersten der drei Kellergeschosse, knapp unter der Wasserlinie: Als es «Äußerste

Kraft zurück!» aus dem Maschinentelegraphen kreischt, heulen die Sirenen, flackern rote Lämpchen – und eine halbe Minute später ein Krachen und Bersten, und der Atlantik schießt durch die Schiffswand in den Kesselraum.

Alle anderen in den zehn Etagen spüren wenig oder nichts. In der Backstube im 3. Stock rutscht ein Blech mit frischen Brötchen vom Ofen. Im Speisesaal der ersten Klasse, ebenfalls im 3. Stock, registrieren die vier Stewards, die sich dort als letzte Gäste eine späte Mahlzeit gönnen, leicht irritiert ein Klappern des Bestecks.

Sonst gibt es nichts als ein Geräusch, grotesk in seiner scheinbaren Harmlosigkeit: ein Schaben, ein Kratzen, sagen die einen, ein Scharren, ein Schurfen, ein Schleifen, die anderen. Die meisten schlafen und hören nichts.

Wie kann ein so mächtiger Anprall mit so wenig Erschütterung einhergehen? Weil die Stahlplatten der Titanic im Verhältnis zu ihrer Größe etwa so dick sind wie das Blech einer Keksdose!, schreibt kurz nach der Katastrophe der polnische Kapitän Jozef Konrad Korzeniowski, der als Schriftsteller in englischer Sprache unter dem Namen Joseph Conrad berühmt geworden ist. Die Dicke von Haut und Spanten lasse sich nicht beliebig vergrößern, sagt Conrad; also sei ein Schiff von 3000 Tonnen immer sicherer als dieses mit seinen 46 300 Tonnen – «eine monströse Atlantik-Fähre, die von einem Hotelsyndikat gemanagt wurde».

George Harder und seine Braut vernehmen immerhin einen dumpfen Schlag, und dann erblicken sie, höchst verwirrt, eine Eiswand vor dem Bullauge. Mrs. J. Stuart White aus Briarcliff Manor im Staat New York, die mit Diener, Zofe und Gesellschafterin reist, sitzt auf dem Bett, im Begriff, das Licht zu löschen, als sie ein Geräusch vernimmt, «als ob wir über tausend Murmeln führen». Nein, erschreckend sei daran nichts gewesen, erzählt sie später.

Auch Frederick Fleet im Mastkorb registriert nur «ein schleifendes Geräusch». Hat Sie das nicht alarmiert?, fragt der Vorsitzende des amerikanischen Ausschusses. «No, Sir. Ich dachte, wir sind mit knapper Not davongekommen.» Wörtlich: «It was a narrow shave» : eine scharfe Rasur; nur dass sich eben die Titanic dabei tief geschnitten hat.

23.42 Uhr – noch 158 Minuten bis zum Untergang: Der Kapitän kommt auf die Brücke geeilt und fragt: «Was war das?» – «Ein Eisberg, Sir», sagt Murdoch. «Schotten dicht!», befiehlt der Kapitän. «Schon geschehen», sagt der Erste Offizier. Auch das ist ein Fehler, wie sich noch zeigen wird – aber wer hätte ihn erkennen sollen in jener schwarzen Minute? Und als er erkannt wird, ist es zu spät. Das einzige Manöver, das der Kapitän noch befiehlt, ist dagegen so offenkundig falsch, dass seit 1912 gerätselt wird, warum er das tat: «Halbe Kraft voraus!», ruft Captain Smith in den Maschinenraum. Und indem es Fahrt macht, presst das Schiff Wasser in seine Wunden.

Die ersten Passagiere, die ins Freie eilen, sind die Letzten im Rauchsalon der ersten Klasse, im 6. Stock des schwimmenden Hotels: der Londoner Großkaufmann Hugh Woolner, ein Schwede namens Steffanson, Mr. Lucian P. Smith, der mit seiner Frau Gast des Reeders Ismay bei dessen «nicht besonders fröhlichem» Dinner gewesen ist, und ein paar andere. Woolner erzählt später: «Wir spürten eine Art Verzögerung im Schiff und im Rauchsalon so etwas wie eine kleine Drehung. Wir standen alle auf, einige von uns gingen rasch hinaus durch die Schwingtüren auf der Backbordseite und liefen an der Reling entlang. Die Leute redeten darüber, was das gewesen sein könnte, und ein Mann rief: ‹Da treibt ein Eisberg hinter uns!›»

23.45 Uhr – fünf Minuten nach der Kollision: Die Maschinen sind gestoppt. Im Vorschiff rauscht und gurgelt das Wasser, sonst ist alles still. Erst diese Stille ist es, die die meisten Passagiere weckt: dass nichts mehr vibriert, kein Fahrtwind mehr säuselt, kein Anzug am Bügel mehr schwankt. Da stehen viele auf, werfen sich den Morgenmantel über und spähen in die Korridore. Ist ein Steward in der Nähe, fragen sie: «Irgendwas Besonderes? Irgendeine Gefahr?» Und die Antwort, hundertfach bezeugt: «Nicht im Geringsten, Sir. Kein Anlass zur Beunruhigung, Madam. Gehen Sie ruhig wieder zu Bett.»

Andere, wie das Brautpaar Harder, ziehen sich völlig an und gehen an Deck. Rasch wandeln dort viele frierende Gestalten, lächeln etwas irritiert und versichern einander, gewiss werde man in ein paar Stunden weiterfahren. George Harder freilich registriert schon eine leichte Schlagseite nach Steuerbord.

Auf dem Welldeck, dem 4. Stock, geht es richtig fröhlich zu: Dort hat der Eisberg ein paar Tonnen Eis abgestreift, zwei Zoll dick knirscht es unter den Füßen, fußballgroße Brocken dazwischen, ein paar Passagiere werfen sie übermütig hinab ins schwarze Wasser, andere nehmen ein Eisstück als eine Art Trophäe in die Kabine mit.

Im Postraum im obersten Kellergeschoss müssen die Angestellten der Royal Mail schon bis zu den Knien ins Wasser steigen, wenn sie wenigstens die 200 Säcke mit den 400 000 eingeschriebenen Briefen ein Stockwerk höher schleppen wollen. Immer mehr Briefe und Päckchen schwimmen der Decke des Postraums entgegen. Aus den Luken über den Kesselräumen entweicht mit leichtem Pfeifen die Luft, die vom unten hereinrauschenden Wasser verdrängt wird.

Aber die Titanic hat noch lange nicht SOS gefunkt. Und keinem Passagier wäre es auch nur im Traum eingefallen, dass er sich in Gefahr befinde. Da wird noch manches Scherzwort gewechselt. Im Rauchsalon der zweiten Klasse lassen die Kartenspieler sich nicht unterbrechen; einer sagt: «Ich glaube, der Eisberg hat ein bisschen von der neuen Farbe abgekratzt, und der Kapitän will nicht weiterfahren, bis sein Schiff frisch gestrichen ist.»

Im Rauchsalon der dritten Klasse spielt später sogar einer fröhlich Klavier, während italienische und schwedische Auswanderer die Schwimmwesten anlegen, und einige fangen an zu tanzen. Selbst als eine Stunde später die ersten Passagiere in die Boote klettern, empfinden viele von der ersten Klasse dies als eine nette Abwechslung «nach fünfzig oder sechzig Ozeanreisen», wie Mrs. Eloise Hughes Smith sich äußert. Bis zur vorletzten Minute herrscht in allen jene Zuversicht, die am drastischsten ein Steward gegenüber Mrs. Albert Caldwell so ausdrückt: «Nicht einmal Gott könnte dieses Schiff versenken.»

Und wirklich: Mehr als 700 Menschen werden ja gerettet, und die anderen 1500 haben jetzt, eine Viertelstunde vor Mitternacht, auch noch fast drei Stunden zu leben – darunter die vier Milliardäre, die sich an Bord befinden.

So stand sie vor dem Stapellauf in der Werft von Harland & Wolff, 32 Meter hoch. 21 Meter davon würden über die Wasserlinie ragen, so hoch wie ein siebenstöckiges Haus – 13 Tage lang.

69 Zentimeter dick waren die Schraubenwellen der Titanic. Hier wird die rechte auf der Werft eingepasst.

So wurde das größte Schiff der Welt am 2. April 1912 aus dem Hafen von Belfast in Nordirland geschleppt – 13 Tage, bevor es unterging. «Als die Titanic bei uns auslief, war sie in Ordnung», sagten später die 15 000 Werftarbeiter trotzig.

Die hintere Stützplatte zur Lagerung der Schraubenwellen, ein Gussstück von 73 Tonnen.

29 Kessel von je fünf Metern Durchmesser lieferten den Dampf für die Kolbendampfmaschinen und die Niederdruckturbine. Zwei Minuten vor dem Untertauchen der Titanic donnerten sie durch den fast senkrecht aufgestellten Schiffsrumpf in die Tiefe. Einer dieser Kessel war das Erste, was der amerikanische Tiefseeforscher Robert Ballard am 1. September 1985 vom Wrack der Titanic entdeckte, fast vier Kilometer unter der Oberfläche des Atlantiks.

Ein Oval von 34 Quadratmetern gähnt der Kamera entgegen: Ein Schornstein des fast so großen Schwesterschiffs «Olympic» rollt aus der Werkhalle. Die Schornsteine der Titanic, von denen einer den Milliardär John Jacob Astor erschlug, hatten die gleichen Dimensionen.

Surpassing the Greates[

The Largest and Finest Steamers ir
White Star Line's New L

Fast senkrecht rauschte die Titanic ja wirklich in die Tiefe. Dieses Werbeplakat der White Star Line sollte freilich nur ihre Länge demonstrieren: 269 Meter – 29 Meter mehr, als das Woolworth Building hoch ist, der 1912 gerade vollendete damals höchste Wolkenkratzer der Welt. Rechts überragt die Titanic leichtfüßig den Kölner Dom, die Cheopspyramide und die Peterskirche.

| 1 | 2 | 3 | 4 | 5 |

1	Bunker Hill Monument, Boston	221 F
2	Public Buildings, Philadelphia	534 F
3	Washington Monument, Washington	555 F
4	Metropolitan Tower, New York	700 F
5	New Woolworth Building, New York	750 F

6   7   8   9

6 White Star Line's Triple Screw Steamers
      "OLYMPIC" and "TITANIC"   882½ Feet Long
7 Cologne Cathedral, Cologne, Germany   516 Feet High
8 Grand Pyramid, Gizeh, Africa   451 Feet High
9 St. Peter's Church, Rome, Italy   448 Feet High

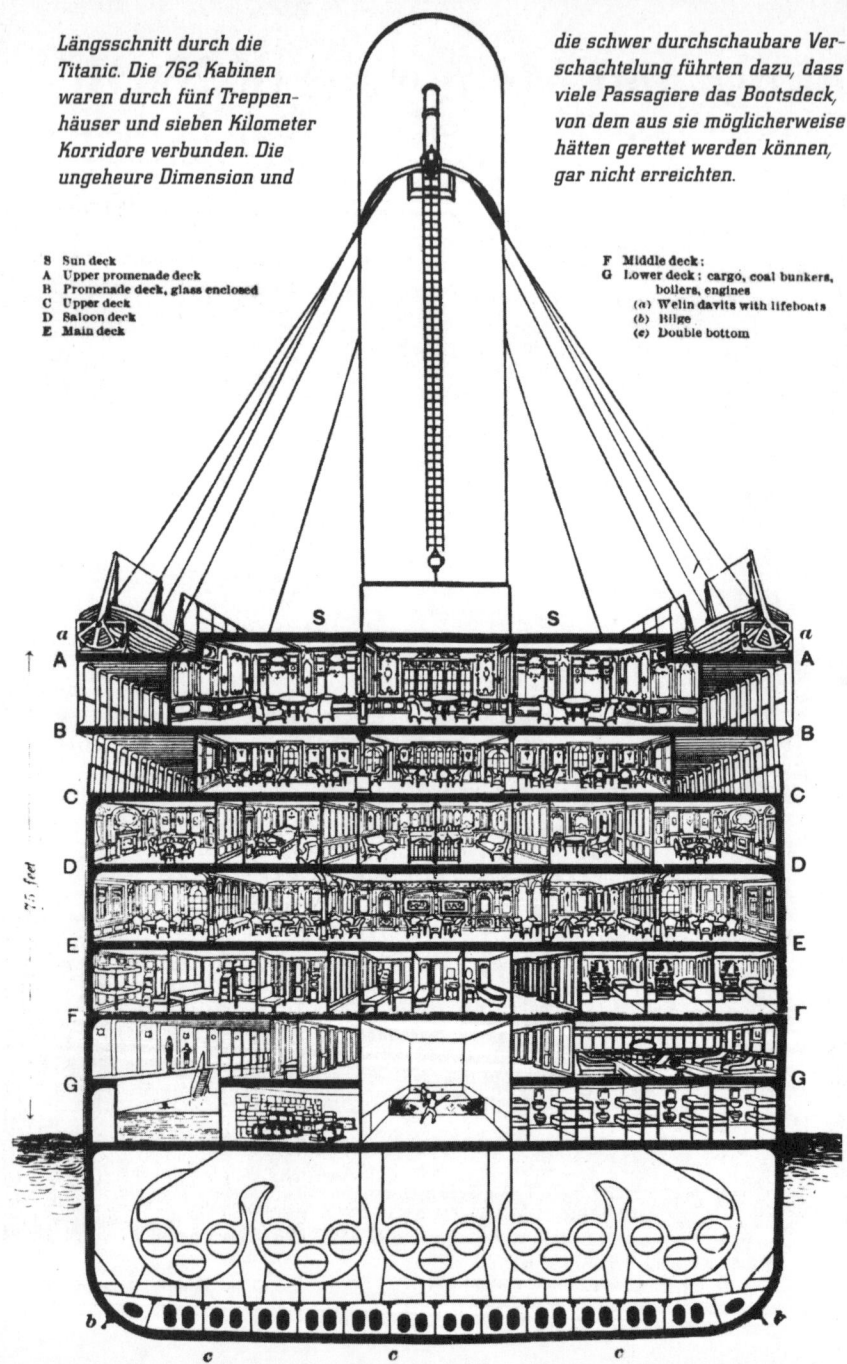

Längsschnitt durch die Titanic. Die 762 Kabinen waren durch fünf Treppenhäuser und sieben Kilometer Korridore verbunden. Die ungeheure Dimension und die schwer durchschaubare Verschachtelung führten dazu, dass viele Passagiere das Bootsdeck, von dem aus sie möglicherweise hätten gerettet werden können, gar nicht erreichten.

S   Sun deck
A   Upper promenade deck
B   Promenade deck, glass enclosed
C   Upper deck
D   Saloon deck
E   Main deck

F   Middle deck:
G   Lower deck: cargo, coal bunkers,
        boilers, engines
        (a) Welin davits with lifeboats
        (b) Bilge
        (c) Double bottom

So kündigte die Reederei stolz schon die zweite Atlantik-Überquerung der Titanic an: Sie hätte über Cherbourg an der französischen Kanalküste laufen sollen.

Start zur Überquerung des Atlantiks in Southampton an der Kanalküste, Englands größtem Hafen für die Ozeanriesen. 10. April 1912. Fünf Tage noch.

Querschnitt durch das schwimmende Palasthotel mit seinen sieben Etagen: ganz unten die Mannschaften, darüber die dritte Klasse, die erste Klasse mittschiffs auf fünf Etagen verteilt.

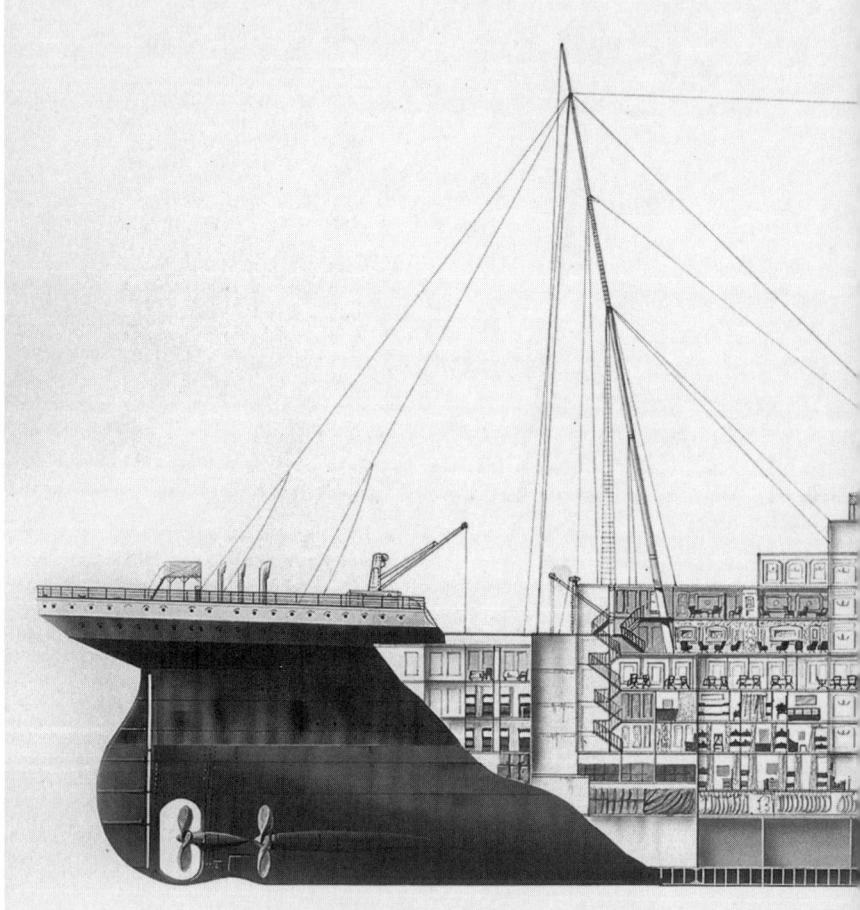

23.50 BIS 0.15 UHR
DAS TODESURTEIL IST GEFÄLLT

Es ist zehn Minuten vor Mitternacht am 14. April 1912. Vor zehn Minuten ist ein Eisberg am Unterleib der Titanic entlanggeschrammt; in 160 Minuten wird das größte Schiff der Welt auf den Grund des Atlantiks aufschlagen.

Noch hat der Funker keinen SOS-Ruf ausgesandt, noch ist kein Rettungsboot klargemacht, noch ist kein Passagier alarmiert. Doch in die vorderen Kesselräume schießt das Wasser, jetzt um 23.50 Uhr steht es in den ersten fünf der sechzehn abgeschotteten Abteilungen des Schiffes 4,30 Meter hoch über dem Kiel.

Die Angestellten der Royal Mail, die schon fünf Minuten nach der Kollision bis zu den Knien ins Wasser stiegen, um die 200 triefenden Säcke mit der eingeschriebenen Post nach oben zu schleppen – sie lassen jetzt, zehn Minuten nach dem Zusammenstoß, den Postraum im Parterre des schwimmenden Palasthotels im Stich und steigen in den 1. Stock. Ein paar Passagiere lachen mit ihnen über das Gedränge der Päckchen, die in Höhe der obersten Treppenstufen schwimmen.

23.50 BIS 0.15 UHR

Schon schwappt ein bisschen Atlantik in die untersten Kabinen der dritten Klasse. «Ich war aufgestanden nach dem Zusammenstoß, und da werden plötzlich meine Füße nass!», erzählt der 21-jährige irische Auswanderer Daniel Buckley. «Das Wasser floss langsam unter der Tür herein. Einfach, als wenn man einen Eimer Wasser auf dem Fußboden ausschüttet.»

«Steht auf!», ruft Buckley seinen drei irischen Kumpanen zu. «Sie lachten nur, und einer knurrte: ‹Geh doch ins Bett, du bist hier nicht in Irland.›»

Es ist derselbe Buckley, über den zwei Stunden später Mrs. Astor im Rettungsboot ihren Schal wirft, damit er nicht als Mann erkannt wird – während ihr Gatte vom Schiff herunterwinkt, 23 Minuten vor seinem grässlichen Tod.

Jetzt, um 23.50 Uhr, liegt die Titanic reglos und erhaben auf dem schwarzen Spiegel der See. Ihre leichte Schlagseite bemerkt nur das geschulte Auge. Alle Lichter leuchten, aus den Schornsteinen quillt der Qualm der gelöschten Feuer, aus den Überdruckventilen faucht der Dampf, den die Kessel nicht mehr in die Maschinen schicken. Wenn ein paar Passagiere kurz übers Bootsdeck gehen, halten sie sich die Ohren zu, frösteln und ziehen sich meist rasch in den Leib des Schiffes zurück.

Joseph Boxhall, der Vierte Offizier, 28 Jahre alt, kommt auf die Brücke und berichtet dem Kapitän, er habe alle Decks durchstreift und keinen Schaden festgestellt. Doch Captain Edward J. Smith befiehlt ihm, die Inspektion zu wiederholen, diesmal zusammen mit dem Schiffszimmermann.

Gleichzeitig beginnt der Kapitän selbst einen Rundgang, gemeinsam mit Thomas Andrews, dem erst 38-jährigen Technischen Direktor der Werft Harland & Wolff im irischen Belfast, die das größte Schiff der Welt gebaut hat. Andrews hatte nichts von der Kollision gespürt, in seiner Luxussuite im 6. Stock über seine Pläne gebeugt wie fast immer. «Er arbeitete ununterbrochen», berichtet später der Steward Henry Etches vor der amerikanischen Untersuchungskommission. «Immer war er mit einem Notizblock unterwegs, sprach mit den Ingenieuren und auch mit uns. Seine Kabine war vollgestopft mit Plänen, Karten und Zeichnungen. Er ging spät ins Bett. Im Rauchsalon habe ich ihn nie gesehen.»

Klar, dass Captain Smith nach Mr. Andrews schickt, kaum dass er selbst von der Kollision erfahren hat. Sie reden nicht lange, die beiden wichtigsten Männer an Bord. Über die Mannschaftstreppen, um kein Aufsehen zu erregen, eilen sie in die Tiefe, dem gurgelnden Wasser entgegen.

23.55 Uhr: Im Kesselraum 6, dem bugnächsten, stehen die Heizer bis zur Hüfte im Wasser. Aus der Steuerbordwand schießt es herein, von unten drückt es, mit Schmiere versetzt, durch die Bodenplatten. Die Heizer haben die Feuer gelöscht, und in Dampf und Rauch gehüllt klettern sie nach oben. Vom Bug aus gerechnet, ist der vorderste Kesselraum die hinterste jener fünf Abteilungen des Schiffes, die der Eisberg aufgerissen hat.

Der Ingenieur Norman Chambers aus New York, der mit seiner Frau eine der unteren Erster-Klasse-Kabinen im 2. Stock bewohnt, schlendert zum Ende des Ganges und betrachtet amüsiert die Postangestellten mit ihren nassen Hosen und, durch eine Luke, das glucksende Wasser im Gepäckraum für die Koffer der ersten und zweiten Klasse – bis zu 14 Koffer führen einzelne Passagiere mit sich –, nur 60 Zentimeter Luft ist noch darüber. «Ich beschloss aufzubleiben», berichtet er dem amerikanischen Ausschuss, «aber ich fühlte mich absolut sicher.»

Ein paar Heizer und Postangestellte, die mit dem Wasser kämpfen; ein paar Dutzend irritierte Nachtwandler; ein paar hundert Passagiere, die auf ihren Betten sitzen oder den Kopf zur Tür rausstrecken und gern mehr wüssten – während die Masse der 2201 Menschen an Bord noch immer arglos schläft.

Selbst der Funker Jack Phillips erzählt dem Zweiten Funker Harold Bride als Erstes von seinen vielen Telegrammen, als der ihm im Schlafanzug entgegengähnt, wie's denn so gehe. Und dann erst berichtet Phillips, die Titanic sei «irgendwie beschädigt», und er meine, sie müssten wohl zur Werft nach Belfast zurück.

Eine Minute später, 23.56 Uhr, 16 Minuten nach der Kollision: Ernest Gill, Heizer auf dem amerikanischen Frachter «Californian», geht an Deck und sieht, etwa zehn Meilen entfernt, «die Lichter eines sehr großen Dampfers», mehrere Reihen übereinander. Es müsse sich um die Titanic gehandelt haben, berichtet er dem amerikanischen Ausschuss, und ausdrücklich protestiert er gegen die Behauptung seines Kapitäns Stanley Lord, das Riesenschiff sei zwanzig Seemeilen entfernt gewesen – «so weit hätte man ja nicht sehen können, Sir!».

Noch freilich hat die Titanic nicht SOS gefunkt. Nur wird ihr das dann, 19 Minuten später, in Bezug auf die nahe «Californian» auch nichts nützen, denn Kapitän Lord hat um 22.30 Uhr die Maschinen abgestellt, um, insoweit schlauer als Captain Smith, im Treibeis auf den Tagesanbruch zu warten; nur hat er leider damit auch die Lichtmaschinen lahmgelegt, also den Strom für den Funker. Der ist in seine Koje gekrochen und schläft.

Mitternacht: Noch 140 Minuten bis zum Untergang. An die 8000 Tonnen Wasser sind schon in den wunden Leib des Schiffs geschossen. Dem Ehepaar Campbell aus New York in der ersten Klasse rät der Steward, wieder ins Bett zu gehen, es gebe keine Gefahr. «Darin stimmte ich persönlich mit ihm überein», berichtet Campbell später. George Harder, der junge Hochzeitsreisende aus Brooklyn, unterhält sich mit John Jacob Astor, und man ist sich einig, dass es nichts zu fürchten gebe. Astor geht in seine Kabine zurück und beruhigt seine Frau.

Die Astors kehren von einer Art zweiter Hochzeitsreise heim. Sie waren in Ägypten, geflohen vor der Eiseskälte, mit der die New Yorker Gesellschaft die zweite Mrs. Astor begrüßt hatte: die junge Madeleine Talmadge Force, der der unverzeihliche Makel anhaftete, weder reich noch aus gutem Hause, noch auch nur schön zu sein, und noch dazu hätte sie die Tochter des 47-jährigen Familienchefs sein können. Aber weich war sie, dankbar und anschmiegsam – und das wusste der Milliardär zu schätzen nach der Katastrophe seiner ersten Ehe.

1891 hatte er, 26-jährig, Alva Lowle Willing geheiratet, «die größte Schönheit der ersten Familie von Philadelphia», wie die «New York Times» damals jubelte – angeblich nur geheiratet, weil sie schöner als die Braut seines Vetters William Waldorf war, mit dem Astor im Bau der größten Hotels von New York konkurrierte, während Alva die New Yorker Gesellschaft vor allem damit entzückte, dass sie ihren Stammbaum bis auf den englischen König Alfred den Großen zurückführte, der 1020 Jahre zuvor gekrönt worden war.

Die schöne Alva muss eine rechte Pestbeule gewesen sein, nach dem übereinstimmenden Urteil der Zeitgenossen: kalt, herzlos, egozentrisch und verschwenderisch, mit einer bösen Zunge, vor der sich alle fürchteten; John Jacob Astor voran. Wenn sie sich sahen – selten genug –, zankten sie sich öffentlich.

Während Alva bei Europareisen mit jungen Anbetern Millionen durchbrachte, spielte John mit seiner Yacht, seinen Dampf-rennwagen und seinen kleinen Erfindungen: Immerhin bekam er 1893 bei der Weltausstellung in Chicago den 1. Preis für seine Pressluftmaschine zur Verbesserung der Oberfläche von unbefestigten Straßen, konstruierte einen Motor, der Torf verbrannte, wofür die Zeitschrift «Scientific American» ihn ehrenvoll erwähnte, und erhielt ein Angebot, das Patent für seine Fahrradbremse für 2000 Dollar zu verkaufen.

Das wäre gerade die halbe Titanic-Passage gewesen, 4000 Dollar hat das Paar bezahlt für seine Luxussuite. Worüber haben sie gesprochen, die Astors, in den beiden letzten Stunden seines Lebens? Madeleine hat der Öffentlichkeit nie etwas erzählt. Sie werden sich nicht sehr gefreut haben auf Amerika, da ihre Reise doch mehr eine Flucht gewesen ist. Aber Madeleine ist schwanger: Gewiss reden sie oft und gern über ihr Kind.

Es hat schon einen 20-jährigen Halbbruder, William Vincent Astor, aus der Ehe mit Alva. Der ist ein einsames, linkisches Kind gewesen, vom Vater mit unerbittlicher Strenge erzogen – für Ungehorsam gab es Schläge oder Essensentzug –, von der Mutter gehasst und öffentlich erniedrigt, weil er nicht ihrem Ideal von Männerschönheit entsprach. Auch er selbst, John Jacob, hat eine ziemlich traurige Kindheit gehabt. Der Vater streng, barsch und meist abwesend, ein berüchtigter Schürzenjäger und, wie ein Zeitgenosse spottet, ein «Ein-Mann-Verein gegen den Alkohol-missbrauch, entschlossen, allen Alkohol zu vertilgen, und wenn er ihn selber trinken müsste»; die Mutter zerfressen von Eitelkeit und dem Ehrgeiz, es der New Yorker Gesellschaft zu zeigen mit ihrem nachgemachten Renaissance-Schloss an der 5th Avenue, das von Statuen überquoll und den größten Ballsaal New Yorks enthielt – eine Kindheit in kaltem Marmor.

Man zahlt eben seinen Preis dafür, dass man Amerikas größtes Vermögen geerbt hat. Und dabei kann man sich nichts, wirklich gar nichts dafür kaufen, wenn nachher die Titanic untergeht.

0.03 Uhr – 23 Minuten nach der Kollision mit dem Eisberg: Captain Smith und der Chefkonstrukteur Thomas Andrews sind wieder auf der Brücke und ziehen die Bilanz ihres Rundgangs durch das Schiff. Dann fällt Andrews das Todesurteil: Die Titanic wird untergehen.

Ja, wenn der Eisberg nur die vordersten vier Abteilungen aufgeschnitten hätte! Aber es sind fünf. Oder wenn, da es fünf sind, die Querschotten zwischen den Abteilungen bis zum 4. Stock, dem C-Deck, hinaufgereicht hätten! Aber sie reichen nur bis zum 2. Stock. «Unsinkbar?», spottet Joseph Conrad, der Schriftsteller, der Kapitän auf allen Meeren war. «Wenn die wasserdichten Abteilungen nicht bis nach oben reichen, dann ist gar nichts wasserdicht! Oder was würde man von einem Hotel sagen, das sich als ‹feuersicher› anpreist, wenn es im oberen Drittel von einem Ende zum anderen für Feuer, Rauch und Zug völlig offen wäre?» Also wird, wenn die überfluteten Abteilungen eins bis fünf den Bug genügend tief hinabgedrückt haben, das Wasser von der fünften Abteilung in die sechste überschwappen, von der sechsten in die siebente – und so weiter.

Oder wären die Abteilungen nicht nur durch Querschotten voneinander getrennt gewesen, sondern noch dazu durch ein Schottendeck nach oben vom übrigen Schiff! Dann würde nichts überlaufen können. Oder hätte der Erste Offizier Murdoch gerade nicht befohlen «Schotten dicht», so hätte sich das einströmende Wasser gleichmäßig im Rumpf verteilt, also wäre der Bug nicht so rasch so tief eingetaucht, also hätte der Wasserzufluss sich vermindert und die Titanic sich länger schwimmend gehalten – vielleicht lange genug, bis Hilfe kam.

Niemand hat überliefert, was in diesen beiden Männern vorgegangen ist: dem Erbauer des bis dahin gewaltigsten tech-

45

nischen Produkts der Geschichte und dem Herrn über die 2201 Menschenleben an Bord, mit dem Wissen beladen, dass es in den Booten nur 1178 Plätze gibt. Bekannt ist lediglich, dass sie kühl bleiben, die beiden englischen Herren, dass sie hart arbeiten, ihr Wissen von der Unrettbarkeit des Schiffs bis zuletzt für sich behalten, hilfreich und zu jedermann freundlich sind und würdig untergehen.

Nur dass Captain Smith weiter einen Fehler nach dem anderen macht. Der erste: Zehn kostbare Minuten braucht er, um den Funkern zu befehlen, dass sie Notsignale geben. Zunächst, um 0.05 Uhr, erteilt er die Weisung: Boote klarmachen – Passagiere alarmieren –, aber das sei, selbstverständlich, nur eine Vorsichtsmaßnahme, niemand sei in Lebensgefahr! Die Offiziere schwärmen aus, nach ihnen die Bootsleute und die Stewards.

Und Captain Smith eilt nicht zu den Funkern – sondern zu John Jacob Astor, um ihn vor allen anderen Passagieren zu verständigen. Das ist die Minute, in der Astor den weltberühmt gewordenen Satz gesprochen haben soll: «Ja, ich habe Eis bestellt, aber das ist ja wirklich lächerlich!» (I asked for ice indeed, but this is ridiculous!)

Doch klingt das mehr nach einer gelungenen Satire als nach einer wahren Geschichte: schon weil es einen Zeugen, der es direkt gehört hätte, nicht gibt; auch weil die Kollision mit dem Eisberg jetzt, um 0.05 Uhr, für die Astors längst keine Neuigkeit mehr ist; schließlich, weil der Milliardär, bei all seinen Marotten, einen kühlen Kopf behält in diesen seinen beiden letzten Stunden, ja sich von einem Leben, das viele Zeitgenossen als sinnlos oder ärgerlich betrachten, nicht ohne stumme Größe verabschiedet.

Eilt Captain Smith nun zu den Funkern? Nein, er verständigt andere Passagiere der ersten Klasse: So erzählt es zum Beispiel Mrs. J. Stuart White aus Briarcliff Manor im Staat New York, die mit Diener, Zofe und Gesellschafterin reist. «Legen Sie bitte die Schwimmweste an», sagt der Kapitän höflich. Die Stewards sehen nach, ob alle Passagiere wach sind, und verbreiten die Weisung des Kapitäns, sich warm anzuziehen, denn es sei bitterkalt, die Schwimmweste anzulegen und sich aufs oberste Deck zu begeben. Damen und Kindern helfen sie.

In der dritten Klasse geht es nicht so höflich zu: «Alle Mann an Deck, wenn ihr nicht absaufen wollt!», rufen zwei Mann der Besatzung den irischen Auswanderern zu. Auch untereinander ist die Mannschaft nicht zimperlich. Der Lampenputzer Samuel Henning aus Southampton berichtet: «Da kam der Schreiner und sagte: ‹An eurer Stelle würde ich ja aufstehen, Freunde. Das Ding schluckt Wasser, eins, zwei, drei, der Squash-Raum ist schon beinahe voll!› Dann kam der Bootsmann und sagte: ‹Raus mit euch! Ihr habt keine halbe Stunde mehr zu leben. Das ist von Mr. Andrews, aber behaltet das für euch!›»

Es ist unwahrscheinlich, dass es von Mr. Andrews war. Der Chefkonstrukteur hat offensichtlich nur dem Kapitän die Wahrheit gesagt, und schwerlich dürfte er sich derart verschätzt haben, was die Zeit bis zum Ende angeht.

0.10 Uhr – eine halbe Stunde nach der Kollision, 130 Minuten vor dem Untergang: Auf dem Bootsdeck, dem 7. und obersten Stock, versammeln sich die ersten Passagiere in der eisigen Nacht, in Pelz- oder in Bademänteln, wie es sich gerade ergeben hat. Die meisten fliehen vor der Kälte und dem noch immer anhaltenden Pfeifen der Dampfventile eine Etage tiefer in das verglaste Promenadendeck der ersten Klasse.

In den Rauchsalon der dritten Klasse, zwei Decks tiefer, marschieren an die fünfzig italienische Auswanderer mit Schwimmwesten um die Brust und ihren Bündeln auf dem Rücken. Sie singen, sie hüpfen, schließlich tanzen sie zu der Musik, die einer auf dem Klavier herunterhämmert. Der Gipfel der modernen Technik! Ein unsinkbares Schiff! Ein nicht sehr gemütliches Massenquartier! Da schadet ein bisschen Durcheinander nichts.

0.14 Uhr – 34 Minuten nach der Kollision: Nun endlich betritt Captain Smith den Telegraphenraum. Doch zunächst sagt er den beiden Funkern nur, sie sollten Verstärkung holen. Dann, nach dem Zeugnis des Zweiten Funkers Bride, ist es der Erste Funker Phillips, der seinerseits den Kapitän fragt, ob er Notsignal geben soll. Und dann erst – eines der vielen Rätsel auf der Titanic – spricht Captain Smith den Satz, den er zehn Minuten, mindestens aber eine Minute früher hätte sprechen können: «Ja, sofort!»

Da, um **0.15 Uhr**, setzt sich Phillips an die Morsetaste und sendet ein halbes Dutzend Mal CQD – MGY, CQD – MGY. MGY ist der Code der Titanic, CQD eines der beiden international vereinbarten Notrufzeichen, einfach weil es aus der auffallenden Lang-Kurz-Folge besteht: «— · — · — — · — — · ·»

Eine Bedeutung haben die drei Buchstaben nicht. «Come quick, danger!» (Kommt schnell, Gefahr!) ist vielmehr eine nachträgliche Rechtfertigung, wie auch «Save our souls» (Rettet unsere Seelen!) für den SOS-Ruf, der gerade eben 1912 in Berlin vereinbart worden ist und den Phillips zur Sicherheit auch noch sendet: «· · · — — — · · ·». Seelen zu retten, ist ja mehr die Sache der Priester als der Kapitäne, aber die Morsezeichen-Kombination fällt so schön auf: Come quick, danger – Titanic – Save our souls – Titanic!

Und nun passiert etwas Merkwürdiges: Das nächste Schiff, das alle Menschen hätte retten können, hört den Notruf nicht, und die ihn hören, können ihn nicht glauben: Macht sich da einer einen bösen Scherz im Äther? Das größte und sicherste Schiff der Welt auf seiner Jungfernfahrt in Not?

Nur zehn Seemeilen von der Titanic entfernt treibt die «Californian», wenn der Heizer Ernest Gill recht hat, oder zwanzig, wenn der Kapitän nicht lügt. Da der Frachter 13,5 Seemeilen machen kann, wie Captain Lord vor dem Untersuchungsausschuss angibt, hätte die «Californian» entweder in gut einer Stunde längsseits gehen und die Passagiere der Titanic übernehmen können – oder in zwei Stunden, zwanzig Meilen Entfernung unterstellt, und das hätte geheißen: immer noch fünf Minuten vor dem Untergang.

Doch der Funker schläft. Dass wenigstens die Titanic Strom zum Funken hat, ja, dass auf ihr und in ihr alle Lichter brennen bis zwei Minuten vor dem völligen Versinken, zum Teil noch unter Wasser weiterleuchten und die stumme Katastrophe gespenstisch erhellen – das verdankt die Titanic der Weisung an Kohlentrimmer, Heizer, Maschinisten, Ingenieure, die Maschinen für die Stromversorgung in Gang zu halten.

Tief im Bauch des Schiffs, in besserer Kenntnis der Gefahr als die meisten, weil sie dem steigenden Wasser am nächsten sind und ihr technischer Verstand am größten ist, aber ahnungslos, wann der Palast vom Atlantik begraben werden wird, gegen die Außenwelt abgeschottet und wie eingesargt, harren sie aus in heißem Dampf und tun, was ihnen aufgetragen ist. Von den 30 Ingenieuren da unten überlebt nicht einer.

Unterdessen verbreitet der Passagier Charles M. Hays, Präsident der kanadischen Grand Trunk Railway und nach heutigem Geld mehr als 100 Millionen Dollar schwer, eine frohe Botschaft aus ungewisser Quelle: «Das Schiff hält sich noch acht Stunden über Wasser!»

Wenige Stunden vorher, unter scherzenden Passagieren im Palmengarten der ersten Klasse, in dem nichts an ein Schiff erinnert, ist Hays ein besserer Prophet gewesen. «Die White Star Line (der die Titanic gehört), die Cunard Line und die Hamburg-Amerika-Linie wetteifern jetzt um den größten Luxus auf den Meeren», hatte er zu Colonel Gracie gesagt. «Aber bald kommt die Zeit, wo daraus die größte und schrecklichste Katastrophe auf den Meeren folgen wird.»

Captain Edward J. Smith, höchstbezahlter Kapitän auf allen Meeren. Fünf Eiswarnungen schlug er in den Wind, mit Volldampf fuhr er in die Katastrophe. Auch nach der Kollision machte er fast alles falsch, und mit der Titanic ging er unter.

William Murdoch, der Erste Offizier. Er stand auf der Brücke, als der Ausguck am 14. April 1912 um 23.40 Uhr die Alarmglocke läutete: «Eis voraus!» In den 39 Sekunden, die Murdoch blieben, schaffte er es nicht, die 60 000 Tonnen Stahl unter seinen Füßen vor dem Rammstoß zu bewahren.

So könnte es in den Kesselräumen der Titanic zugegangen sein in den 160 Minuten ihres Sterbens: Ingenieure, Heizer, Maschinisten sorgten für Strom bis zur vorletzten Minute. Fast alle kamen um.

Wallace Hartley (Mitte) mit seiner Ragtime Band. Auf dem Bootsdeck geigten und bliesen die Musiker buchstäblich, bis der eisige Atlantik sie verschluckte. So trugen sie dazu bei, dass eine Panik ausblieb. Über ihr letztes Stück gibt es eine ganze Literatur der Vermutungen und Legenden; wahrscheinlich war es eine Art Sportpalast-Walzer zum Mitpfeifen.

John Jacob Astor, Erbe der Hoteldynastie und einer der reichsten Männer der Welt, war mit Frau und Hund an Bord. Er verzichtete auf einen Platz im Rettungsboot, paddelte im Eiswasser des nächtlichen Atlantiks um sein Leben und wurde von einem der funkensprühenden Schornsteine der Titanic erschlagen.

0.15 BIS 0.45 UHR
«WARUM BENIMMT SICH DIESES SCHIFF SO ALBERN?»

15. April 1912, eine Viertelstunde nach Mitternacht. Vor 35 Minuten hat ein Eisberg den Bauch der Titanic an der vorderen Steuerbordseite leckgeschlagen; vor 10 Minuten hat Captain Smith erkennen müssen, dass sein Schiff nicht zu retten ist, und die Passagiere zu den Booten befohlen; in 125 Minuten wird der größte und sicherste Dampfer der Erde von ihrer Oberfläche verschwunden sein.

Jetzt, **seit 0.15 Uhr**, morsen die Funker Phillips und Bride endlich das Notsignal in die Nacht: CQD, Come quick, danger! (Kommt schnell, Gefahr!); Guglielmo Marconi, der 1897 den drahtlosen Funkverkehr erfand, hat dieses Notsignal eingeführt. Auf mehrere hundert Seemeilen im Umkreis ist es zu hören, ein paar Dutzend Schiffe müssen in Reichweite sein.

0.18 Uhr: Die erste Reaktion. Die «Frankfurt» ist es, sehr deutliche Signale, sie scheint also ganz nah zu sein. Die Titanic-Funker geben ihre Position durch und bekräftigen: «Kommen Sie sofort!» Die «Frankfurt» morst zurück: Stand by, warten Sie! Dann Schweigen.

0.20 Uhr: Der 21-jährige Harold Cottam aus Liverpool, seit drei Jahren Funker an Bord des Frachters «Carpathia», zieht sich gerade aus – da hört er das CQD aus den Kopfhörern, die er noch aufgestülpt hat: «Kommt sofort, dies ist ein Notsignal – CQD – alter Junge!»

Cottam fragt zurück: «Soll ich das dem Captain melden?» Das ist eine Sicherheitsmaßnahme, um einen etwaigen Scherzbold abzuschrecken: «Es ist immer klug, sich eine Nachricht bestätigen zu lassen, wenn sie einen solchen Inhalt hat», erzählt Cottam später dem Untersuchungsausschuss des amerikanischen Senats.

«Ja!», ruft die Titanic. «Wir sinken schnell!»

Aber Cottam läuft nicht direkt zum Kapitän, sondern zum wachhabenden Ersten Offizier, und gemeinsam steigen sie die paar Stufen hinab zur Kajüte von Captain Arthur Henry Rostron. «Sind Sie absolut sicher, dass das ein Notsignal von der Titanic ist?», fragt Rostron – er fragt es zweimal. Dann gibt er dem Funker einen Zettel, auf dem er die Position der «Carpathia» notiert hat, und befiehlt: Kurs auf die Titanic!

Dort hat inzwischen, eine Viertelstunde nach der Aufforderung an die Passagiere, Schwimmwesten anzulegen und sich aufs Bootsdeck zu begeben, ein Strom von Menschen eingesetzt, über die Treppen bis zu sieben Stockwerke hoch in die kalte Nacht hinaus aufs Dach des schwimmenden Hotels, dort, wo die 20 Boote hängen mit ihren 1178 Plätzen – für 1316 Passagiere und 885 Mann Besatzung.

Dabei sind 1316 Passagiere wenig bei einem Angebot von 3300 Betten: Aber der Teilnahme an einer Jungfernfahrt steht mancher Aberglaube entgegen, verschlimmert um das Gemunkel, dass Captain Smith seit einem halben Jahr vom Glück verlassen sei: Da kollidierte das ältere Schwesterschiff «Olympic» im Hafen von Southampton mit dem britischen Kreuzer «Hawke», und Smith hieß der Kapitän der «Olympic», und die «Hawke» war nicht schuld.

Bei vollbesetztem Schiff hätten die Boote also nicht für die gute Hälfte, sondern nur für ein gutes Viertel der Menschen an Bord gereicht – wie durfte die Reederei das wagen?

Weil die britische Handelsschifffahrtsakte in der Fassung von 1906 mehr nicht verlangt. Drei Wochen nach dem Untergang der Titanic jedoch ordnet das britische Handelsministerium an: «Passagierschiffe müssen in Zukunft Rettungsboote für alle Menschen an Bord mitführen.» Die Katastrophe vom 15. April 1912 hat die Seefahrt danach eben ein bisschen sicherer gemacht.

Auf dem sinkenden Riesenschiff aber: Wer sollen die 1178 Bevorzugten sein, die sich retten dürfen? 425 Frauen und 109 Kinder sind an Bord – 534 Menschen, die nach seemännischem Brauch das erste Recht auf Rettung haben. Und wer dann? Die Herren der ersten Klasse vielleicht? Und womöglich noch vor den Frauen aus der dritten? Und warum überleben eigentlich 192 Männer der Besatzung, aber nur 146 männliche Passagiere?

Das Problem verändert sich dadurch, dass nicht 1178 Menschen Platz in den Booten finden, sondern nur 711. Nicht weniger als 467 lebensrettende Plätze also bleiben unbesetzt – weil viele Passagiere mehr Angst vor den Booten als vor dem Leck in der Titanic haben, und weil die Desorganisation unbeschreiblich ist. Die Passagiere registrieren das bis fast zuletzt so wenig, wie sie den Gedanken fassen, ihr schwimmender Palast könnte wirklich untergehen. Die meisten Frauen weinen in der langen Prozession zum 7. Stock hinauf, doch niemand stolpert, niemand rennt, von Panik keine Spur.

Der Schiffsbäckermeister Charles Joughin weist seine dreizehn Gehilfen an, alle Brote in die Boote zu tragen. Auf dem Bootsdeck drängen sich immer mehr Passagiere zusammen, unförmig mit ihren ein oder zwei Mänteln unter oder über der dicken Korkschwimmweste. Sie gehen langsam auf und ab oder stehen fröstelnd herum; keiner fragt auch nur.

Scheußlich ist bloß das Fauchen und Zischen der riesigen Überdruckventile, die den Dampf aus den 29 Kesseln in die Nachtluft blasen, weil er bei ruhenden Maschinen sinnlos und gefährlich ist – «so laut wie bei 20 Dampflokomotiven, nur tiefer», wie ein Überlebender berichtet, während ein anderer sich an den Lärm von tausend Lokomotiven erinnert fühlt.

Gefährdet aber fühlt sich keiner. Es ist eine Nacht der funkelnden Sterne, kein Eisberg weit und breit, kein Loch in der Schiffswand zu sehen. «Auf dem Deck zu stehen, 21 Meter über dem Wasser, das träge gegen die Bordwand plätscherte und in der Dunkelheit noch viel ferner wirkte, als es war – das gab uns ein Gefühl wunderbarer Sicherheit, wie auf einem großen Fels inmitten des Ozeans.» So schildert es Lawrence Beesley, ein junger englischer Naturwissenschaftler, in seinem noch 1912 erschienenen Erlebnisbericht. «Wir waren ja völlig ahnungslos, was dem Schiff bevorstand. Ich vermute, dass die Offiziere das so wollten, und vielleicht hatten sie recht.»

Gegen 0.25 Uhr, eine Dreiviertelstunde nach der Kollision, kommt Bewegung in die Menschen auf dem kalten Dach: Die Offiziere erteilen die Weisung, dass die Frauen ohne ihre Männer eine Etage tiefer gehen sollen, aufs Promenadendeck, den 6. Stock. Dagegen murren viele Damen an, die Offiziere insistieren, die Ehemänner pflichten ihnen bei, und halb überredet, halb geschoben ziehen sie schließlich hinunter. Dort machen sie eine Entdeckung, die erstaunlicherweise die Offiziere überrascht: «Das ganze Deck ist ja eingeglast!» Sie rufen es hinauf – und dürfen wieder nach oben kommen.

Einige Damen setzen sich ins «Gymnasium» (den Fitnessraum, wie wir heute sagen würden), «und dort», berichtet Mrs. Smith aus Philadelphia, «hatten wir viel Zeit, herumzusitzen und zu plaudern». Ihren Mann fragt Mrs. Smith, ob sie nicht bei ihm bleiben könne, statt in eines dieser komischen Boote zu steigen – und er verspricht es ihr. Einige Herren stärken an den Fitnessgeräten ihre Muskeln.

0.35 Uhr – noch 105 Minuten bis zum Ende. Im Funkraum der Titanic geht die Meldung der «Carpathia» ein: «Kurs geändert – wir kommen mit äußerster Kraft!» Der Zweite Funker Bride läuft ins Ruderhaus zu Captain Smith. Der Kapitän geht mit in den Funkraum und rechnet den Abstand zwischen den Positionen aus: 58 Seemeilen. 15 Seemeilen in der Stunde kann die «Carpathia» machen – fast vier Stunden also wird sie brauchen.

Die Titanic aber hat nur noch eindreiviertel Stunden zu leben. So ist es, und der Kapitän hat ohne Zweifel eine halbwegs realistische Vorstellung davon. Oder darf er noch auf die «Frankfurt» hoffen? Waren ihre Signale nicht viel stärker, müsste sie nicht näher sein? «Warten Sie!» hat sie zuletzt gefunkt und keine Position durchgegeben, und die Funker der Titanic warten vergebens. Jetzt plötzlich von der «Frankfurt» die Morsezeichen: «Was ist los mit euch?»

«Da sagten wir ihm, dass er ein Idiot ist», berichtet der Zweite Funker Bride. «Bleiben Sie raus, stören Sie nicht unseren Funkverkehr! DD!» Das sind die einprägsamen Zeichen — ·· — ·· , sie bedeuten im Jargon der Funker: «Halt die Schnauze!»

Die «Frankfurt» gehört dem Norddeutschen Lloyd und ist unterwegs nach Bremerhaven. Hat ihr Funker vielleicht kein

Englisch verstanden?, will der amerikanische Untersuchungsführer wissen. «CQD versteht jeder», antwortet Bride. «Er verstand sein Geschäft nicht, das ist alles.»

Dass wenigstens der Funker der «Carpathia» sein Geschäft versteht, ja, dass er, obwohl er sich schon auszog, die Kopfhörer gerade noch nicht abgenommen hat, als das CQD-Signal kommt – das ist der einzige Glücksfall in der langen Kette von Schuld und Pech, die die Titanic in die Tiefe zieht.

Ein Trost für Harold Bride, den überlebenden der beiden Funker der Titanic: Die «Frankfurt» ist 150 Seemeilen von der Unglücksstelle entfernt, viel weiter als die «Carpathia». Sie hat nur den weiter reichenden Sender für ihren etwas dümmlichen Funker. Auf dem einzigen Schiff aber, das noch vor dem Untergang hätte zur Stelle sein können, der «Californian», kommt kein Signal an: Die Lichtmaschinen stehen still, der Funker schläft.

Auf dem Bootsdeck machen die Matrosen unterdessen die 20 Rettungsboote klar. Sie entfernen die Planen, schlagen die Sicherungskeile weg und drehen mit Kurbeln die Schwingen der kleinen Stahlkräne – der Davits –, bis die Boote frei über die Bordwand hinaushängen. Die Seile für die Flaschenzüge legen sie in kreisförmigen Schlingen aus, zum Teil mehrmals, weil sich immer wieder Passagiere mit den Füßen darin verfangen.

Alles geschieht in Ruhe, «die Disziplin hätte nicht besser sein können – nur waren da offensichtlich zu wenig Matrosen», berichtet Arthur Peuchen, Major der kanadischen Miliz, Chemiefabrikant und Yachtbesitzer. «Auch war die Mannschaft von verschiedenen Schiffen zusammengekratzt – jeder vielleicht hervorragend, aber keiner auf den anderen eingespielt.» Noch dazu hat der Bootsdrill, sonntags üblich, an ebendiesem Sonntag gar nicht stattgefunden.

«Für die 20 Rettungsboote gab es nur 16 Matrosen», rügt Dr. Washington Dodge aus San Francisco vier Wochen später in einem Vortrag vor dem Commonwealth Club in seiner Heimatstadt. «Daraus folgte, dass die Rettungsboote nicht gleichzeitig, sondern nacheinander klargemacht und zu Wasser gelassen wurden. Wäre das Meer nicht so ungewöhnlich ruhig gewesen, hätte nur ein Viertel der Überlebenden gerettet werden können.»

Auch dem Colonel Archibald Gracie, einem Historiker aus Washington, fällt auf, «dass es ein bisschen schwieriger war, die Boote zu Wasser zu lassen, als es hätte sein sollen». Ist alles zu neu, klebt die Farbe noch? Gracie legt selbst Hand an, aber sogar er, der begeisterte Sportler und gewaltige Schwimmer, kann die Boote nur mit verzweifelter Kraft über das hölzerne Schandeck schieben (die Planke, die das Deck seitlich abschließt). Lawrence Beesley fragt sich: Ist es eigentlich in Ordnung, dass der Küchenchef der ersten Klasse mehr verdient als jeder Offizier an Bord, aber ein hauptberuflicher Bootsoffizier nicht vorgesehen ist?

Die Tatsache bleibt: Von den 20 Rettungsbooten, die ohnehin nur für die Hälfte der Menschen an Bord ausreichen, können trotz völlig stiller See zwei nicht mehr zu Wasser gelassen werden.

Aber die fröstelnden Passagiere auf dem Dach des schließlich noch immer schwimmenden Palastes ertragen auch die stockende Arbeit an den Booten ohne sichtbare Unruhe. Beesley kommentiert das mit den Worten: «Sie waren eben die typische germanische Masse (the average Teutonic crowd) mit ihrem angeborenen Respekt für Gesetz und Ordnung.»

Nicht alle. Der Ingenieur Norman Chambers aus New York zum Beispiel hat eine Whisky-Flasche bei sich, aus der er seiner Frau einen Schluck anbietet, stopft sich eine Pfeife und legt erst auf die dringenden Vorhaltungen seiner Frau hin die Schwimmweste an. Das klingt eigentlich weniger nach germanischem Massenverhalten als vielmehr nach angelsächsischem Hochmut gegenüber den kleinen Widrigkeiten des Lebens.

In dem Titanic-Essay des amerikanischen Schriftstellers Elbert Hubbard ist es ein Engländer, der sich mit provokanter Lässigkeit die Pfeife stopft und sagt: «I si, orficer» (ein Versuch Hubbards, das britische Genäsel nachzuahmen) – «Schauen Sie, Leutnant: Warum benimmt sich dieses Fahrzeug eigentlich so albern, Sie verstehen?» Sie Narr, erwidert der Offizier, das Schiff sinkt! «Also gut», näselt der Engländer, «wenn es sinkt, dann lassen Sie's sanft untergehen. Sie verstehen?»

Eine Anekdote nur – jedoch treffend für «die unerschütterliche Selbstgefälligkeit einer Gesellschaftsklasse, die gewöhnt ist, in unterwürfiger Weise bedient zu werden und nicht an den nächsten Tag zu denken», wie der amerikanische Professor Thorstein Veblen 1899 in seiner berühmten «Theorie der feinen Leute» schrieb, von denen auf der Titanic so viele versammelt sind; treffend auch für einen reichen Untertan Georgs V., «Kaisers von Indien, Königs von Großbritannien, Irland und der britischen Dominien jenseits der Meere», der über ein Viertel der Erde herrscht.

Hubbard, der die Anekdote erzählt, ist nicht auf der Titanic, hat aber mit Überlebenden gesprochen – und ertrinkt mit einem anderen Schiff: der Lusitania, die ein deutsches U-Boot am 7. Mai 1915 versenkte, wobei 1198 Menschen ums Leben kamen; nicht ganz so viele wie an diesem 15. April 1912.

0.40 Uhr: Auf der Steuerbordseite ist das erste Boot so weit herabgelassen, dass Schiffsdeck und Bootsdeck dieselbe Höhe haben. Ein Matrose stellt einen Fuß ins Boot, den anderen aufs Schiff, ergreift die Damen am rechten Handgelenk und hilft ihnen bei dem kleinen Schritt über die schlimme Tiefe.

Der Cellist der Bordkapelle, Roger Bricoux aus Lille, rennt aus dem Treppenhaus aufs Bootsdeck, Lawrence Beesley hat es festgehalten. Das Cello zerrt er auf dem Sporn hinter sich her. Musik muss ja sein! Die sieben Männer unter Wallace Hartley spielen, bis der Atlantik ihnen um die Füße schwappt – eine Pflichterfüllung so eisern wie die der Ingenieure im verwundeten Unterleib des Schiffes. Und die Musiker sind dabei vor die doppelt verzweifelte Aufgabe gestellt, über die Korkweste hinweg zu streichen und zu blasen und mit kessem Ragtime zum eigenen Sterben aufzuspielen. Keiner der acht hat überlebt.

0.45 Uhr: 65 Minuten nach der Kollision, 95 Minuten vor dem Untergang: Das erste Rettungsboot tritt seine Reise aus dem 7. Stock hinab in die schwarze Tiefe an; ruckweise lassen die Matrosen die Seile durch die Klampen laufen – und nur 28 Menschen sitzen darin statt der 65, die es fassen könnte, und unter den Passagieren befinden sich 12 Männer.

Warum müssen jene 37 Passagiere sterben, für die allein im ersten Boot zusätzlich Platz gewesen wäre? Erstens, weil viele Passagiere Angst haben, vom 7. Stock aus in diese Nussschale über dem schwarzen Abgrund zu springen und sich mit ihr dem eisigen Meer anzuvertrauen – da doch die Titanic so mächtig und prächtig, aus allen Lampen leuchtend, wenn auch vorn schon sichtbar gesenkt auf dem völlig stillen Wasser ruht.

Der zweite Grund ist, dass die Offiziere fürchten, die Boote könnten unter der Last von 65 Menschen durchbrechen, solange sie, nur vorn und hinten aufgehängt, an zwei Seilen hinabschweben. Sie trauen also den Erbauern der Titanic zu, dass die Rettungsboote – ohnehin zu wenige – auch noch töricht konstruiert sind; und fälschlich trauen sie es ihnen zu – denn von 1.20 Uhr an, eine gute halbe Stunde später, sitzen in den meisten Booten 50, 60, ja 70 Menschen, und nichts passiert.

Hinzu kommen jene krassen Organisationsfehler, für die unstreitig Captain Smith haftet. Hat er doch die Weisung erteilt, Frauen und Kinder sollten sich auf die Backbordseite des Bootsdecks begeben – und gleichzeitig versucht er, dem Grundsatz Geltung zu verschaffen, dass Frauen und Kinder zuerst zu retten sind. Gut. Nur muss eines von beiden falsch sein: Wer soll eigentlich die zehn Boote auf der Steuerbordseite besteigen, da doch die Männer nicht dürfen und die Frauen nach Backbord beordert worden sind?

So sitzen eben 12 männliche Passagiere im ersten Boot, denn es wird auf der Steuerbordseite zu Wasser gelassen; und hätte Colonel Astor, der reichste Mann Amerikas, irgendwann in den folgenden 70 Minuten das Deck überquert – er wäre höchstwahrscheinlich nicht von einem der 24 Meter hohen Schornsteine der Titanic zerschmettert worden.

Doch warum übersieht das keiner von denen, die auf der Backbordseite stehen? Nun, das Deck ist 28 Meter breit, breiter, als ein Tennisplatz lang ist, und dazwischen ragen auch noch die vier riesigen Schornsteine auf, die Ventilatoren, die Offiziersquartiere, der Gymnastikraum und die erhöhten Dächer der Lounge und des Rauchsalons im darunterliegenden 6. Stock, und die Nacht ist mondlos und das Bootsdeck nicht so hell erleuchtet wie die Salons darunter.

Auch steht backbord Captain Smith und führt persönlich die Aufsicht, bis zum Untergang – und ist es nicht immer der

Kapitän, um den sich bei Gefahr alle scharen?, fragt Dr. Dodge aus San Francisco. Zumal die Passagiere der ersten Klasse, die schon mit ihm diniert haben; und ihre Prominenz wiederum zieht weitere Passagiere an.

Dabei ist es ein Fehler, dass der Kapitän völlig darin aufgeht, auf der Backbordseite die Einbootung zu überwachen (wie steuerbord William Murdoch, sein Erster Offizier). Denn Ungeheures wäre für ihn zu tun gewesen, und es bleibt ungetan.

Hat denn jemand kontrolliert, ob überhaupt alle Passagiere geweckt worden sind? Sie sind es nämlich offensichtlich nicht, wie Major Peuchen und Dr. Dodge berichten, zumal in der zweiten und dritten Klasse. Vermutlich hat also auch Mrs. Eloise Hughes Smith recht, wenn sie sagt: Sie habe vom Rettungsboot die Schreie der Zwischendeck-Passagiere gehört, die «den Untergang verschlafen» haben.

Hilft denen da unten, soweit sie wach sind, irgendeiner, die Treppenschächte zu finden und sich nicht zu verlaufen in den sieben Kilometer langen Korridoren? Kämmt irgendjemand die 762 Kabinen und die diversen Aufenthaltsräume durch? Kein Steward hat nach dem Befehl von 0.05 Uhr noch eine Weisung dieses Inhalts bekommen, und etliche Stewards kennen sich selbst nicht aus in den verschlungenen Eingeweiden des Riesenschiffs, wie einige berichten.

Und ist irgendjemand beauftragt, die Zögernden und die Ängstlichen zu ermuntern, zu überreden und notfalls zu den Rettungsbooten zu schieben? Niemand. Nur wer das Bootsdeck schon erreicht hat, sieht sich umsorgt oder unter Druck gesetzt: Charles Joughin, der Schiffsbäckermeister mit dem ausgeprägten Sinn fürs Praktische, zerrt Damen zu den Booten und wirft sie fast hinein.

Die irische Auswanderin Bridget Bradley ergreift, schon im Boot, ein Tau, um wieder an Bord zu klettern – ein Matrose zieht sie mit Gewalt zurück. Sie will ihre alte Titanic wiederhaben, diesen leuchtenden Felsen im finsteren Meer! Und so sind einfach nicht genügend Frauen da, um das erste Boot zu füllen.

Kurz bevor das Kommando «Abfieren» ertönt, hört plötzlich das grässliche Fauchen der Überdruckventile auf. Der Dampf ist abgelassen, die Stille köstlich und doch fast erschreckend.

Sie dauert auch nur zwei Minuten: Da, um 0.45 Uhr, steigt mit heftigem Zischen die erste Notrakete auf, erleuchtet das Vorderdeck, tausend Augen blicken ihr nach, sie explodiert mit einem weißen Sternenregen, der langsam niedergeht und verlöscht – Signal einer totalen Blamage, einer britischen Kapitulation.

Und da schon die nächste! Magisch erhellt sie für einen Augenblick die bleichen Gesichter, die vier schwarzen Türme und das Gewirr der Kräne, Boote, Seile, an denen das Leben hängt; während die Titanic weiter zentimeterweise sinkt im stummen Wirken der Physik.

Lawrence Beesley, englischer Wissenschaftler in der zweiten Klasse, war einer der Überlebenden, auf deren Berichte von 1912 sich dieses Buch ausschließlich stützt. «Die Nacht war so friedvoll, das Meer wie ein Dorfteich, das Schiff ohne Bewegung», schrieb er. «Viele von uns hatten das komische Gefühl, dass das Ganze ein Traum sei.»

Jack Phillips, Erster Funker. Rätselhafterweise erst 34 Minuten nach der Kollision befahl ihm der Kapitän, SOS zu funken. Erst zehn Minuten vor dem Ende verließ Phillips seinen Platz – und kam um.

Benjamin Guggenheim, Milliardär und der exzentrischste Mann an Bord. Angeblich erschien er im Smoking auf dem Bootsdeck, um in der Stunde des Sterbens angemessen gekleidet zu sein, und kurz vor dem Ende zog er sich mit einer Flasche Champagner in seine Suite zurück. Sein Foto brachte noch im April 1912 die Berliner Illustrirte.

0.50 BIS 0.55 UHR
DIE RETTER SIND NAH –
ABER SIE SCHLAFEN

N

Das Vorderschiff der Titanic hängt so tief im Wasser, dass jeder es spürt: Nichts an Bord ist mehr eben, die ersten Möbel geraten in Bewegung. 0.50 Uhr am 15. April 1912. Vor 70 Minuten hat die Titanic den Eisberg gerammt – in 100 Minuten wird sie, fast vier Kilometer unter dem Spiegel des Atlantiks, ihre erste und letzte Fahrt beendet haben.

Das Wasser hat im vorderen Drittel des Riesenschiffes das Hauptdeck erreicht, den 2. Stock des siebenstöckigen Palasthotels. In dieser Höhe enden die Schotten, die das Schiff 16fach unterteilen und angeblich unsinkbar machen; nun beginnt das Wasser aus den leckgeschlagenen vorderen fünf Abteilungen überzuschwappen in die sechste.

Mit Volldampf läuft der Frachter «Carpathia», durch die SOS-Signale der Titanic alarmiert, auf den sterbenden Koloss zu. In 200 Minuten wird er die ersten Überlebenden aus den Rettungsbooten bergen – schade, 110 Minuten zu spät für die tausend, die in ihren Korkwesten hängen, bei einer Wassertemperatur von minus zwei Grad.

0.50 BIS 0.55 UHR

Aber nun lässt die Titanic ihre Notraketen steigen. **Seit 0.45 Uhr** erreichen ihre Hilferufe auch das bloße Auge und das dümmste Hirn. Wenn die «Californian» jetzt noch reagieren würde: Die Feuer unter den Kesseln sind nicht gelöscht, in längstens 120 Minuten könnte sie die Unglücksstelle erreichen, erst 10 Minuten lang hätten dann die tausend wimmernd im Eiswasser gestrampelt, Hunderte wären noch zu retten. Ist die «Californian» aber nicht 20 Seemeilen entfernt, wie der Kapitän behauptet, sondern nur 14 – wie später der Untersuchungsausschuss des amerikanischen Senats vermutet –, so könnte sie die Passagiere der Titanic von dem noch weit aus dem Wasser ragenden Heck sogar direkt übernehmen.

Und sie werden wahrgenommen, die Notraketen. Ernest Gill, Heizer auf der «Californian», bekundet später: «Ich war ungefähr zehn Minuten an Deck, da sah ich steuerbord eine weiße Rakete, ungefähr zehn Meilen entfernt. Erst dachte ich, das ist eine Sternschnuppe. Aber nach sieben oder acht Minuten sah ich deutlich eine zweite Rakete an derselben Stelle, bläulich oder weiß, die Sterne flogen auseinander, und da sagte ich mir: Da muss ein Schiff in Seenot sein.» Ja, und? «Es war nicht meine Aufgabe, die Brücke zu verständigen, aber die können das unmöglich übersehen haben.»

Frage an den Kapitän der «Californian», Stanley Lord: Haben Sie in jener Nacht irgendwelche Notsignale beobachtet? «No, Sir, habe ich nicht. Der Wachoffizier sah ein paar Signale, aber er sagte, das seien keine Notsignale.» Sind denn Notraketen nicht eindeutig zu erkennen? «O ja. Die kann man nicht verwechseln. Aber Raketen von der Titanic hätten wir gar nicht sehen können. 20 Meilen sind eine große Entfernung. Das wäre tief über dem Horizont gewesen, man hätte es für eine Sternschnuppe oder so was halten können.»

Natürlich hätte man, wenn man zweifelt, auch den Funker wecken und ihm ein bisschen Strom verschaffen können, damit er prüft, ob ein SOS durch die Nacht schwirrt. Mindestens hätte der Kapitän all dies dann noch tun können, als der Wachoffizier ihn noch einmal informiert, er habe nunmehr acht dieser weißen Lichter beobachtet. Doch Captain Lord folgt stattdessen seinem Funker geruhsam in den Schlaf.

«Was hätte ich gegeben für eine 15-Zentimeter-Kanone und ein paar Granaten dazu, um die da zu wecken!», erzählt Charles Lightoller, der Zweite Offizier der Titanic. Denn er sieht Positionslichter und unterstellt dabei, genau wie der amerikanische Ausschuss: Es sei die «Californian» gewesen, jenes Schiff, dessen Lichter die Besatzung der Titanic und die Insassen der ersten Rettungsboote narrten.

Aber das bleibt ein ungelöstes Rätsel. Nur so viel steht fest: Der Vierte Offizier, Joseph Boxhall, zuständig für das Abfeuern der Notraketen, hat dabei ein Schiff im Sinn, dessen Positionslichter er zu sehen glaubt, sodass es nach seiner Schätzung höchstens fünf Seemeilen entfernt sein kann. Aufgrund dieser Schätzung lässt er auch mit der Morselampe signalisieren: «Wir sinken!», und Captain Smith gibt den Führern der ersten zu Wasser gelassenen Rettungsboote die Weisung, auf die Lichter zuzurudern.

Doch alles daran ist verworren. Der scharf beobachtende Passagier Lawrence Beesley betont, in dieser ungewöhnlich klaren Nacht hätten die Sterne noch dicht über dem Horizont so gefunkelt, dass man sie leicht mit dem Licht eines Schiffes hätte verwechseln können. Auch Major Peuchen, ein kanadischer Segler, hält das lockende Licht für einen bloßen Reflex. Demgegenüber weist Joseph Boxhall darauf hin, dass von den drei Positionslichtern, die er gesehen habe, eines deutlich rot gewesen sei, was die Verwechslung mit einem Stern unwahrscheinlich mache.

Jedenfalls: Das rätselhafte Licht verbreitet Hoffnung – zum letzten Mal. Ist es von der «Californian», so wäre sie nicht 20, nicht 14, nicht 10 Seemeilen entfernt, wie die differierenden Angaben lauten, sondern sogar nur 5. Ist es nicht von der «Californian», so müsste es ein nie identifiziertes Geisterschiff gewesen sein – womit denn gleich zwei mögliche Retter ihre Chance vor den Erfrierenden und vor der Geschichte verspielt hätten.

Jetzt, um 0.50 Uhr, geht das zweite der 20 Rettungsboote zu Wasser – ohne männliche Passagiere, anders als das erste fünf Minuten zuvor: Denn dieses Boot wird backbord abgefiert, dort, wohin der Kapitän die Frauen und Kinder beordert hat und wo er selbst mit dem Megaphon die Aufsicht führt. Von den 65 Plätzen sind wiederum nur 28 belegt – zum zweiten Mal also 37 Menschen um die mögliche Rettung betrogen.

Frauen, die zum Einsteigen bereit wären, sind nicht in Sicht. Da kommen aus dem Boot erst schüchterne Fragen, dann inständige Bitten: «Warum können denn nicht unsere Männer einsteigen?» Weil das gegen das Prinzip wäre, das auf der anderen Seite des Schiffs gerade erst vor fünf Minuten verletzt worden ist: Frauen und Kinder zuerst. «Kein Mann jenseits dieser Linie!», ruft der Sechste Offizier Moody unter den Augen von Captain Smith, und dem Prinzip zuliebe müssen die Ehemänner jetzt stoisch schweigen oder freundlich lügen und in anderthalb Stunden grässlich sterben.

Natürlich, nach wie vor haben weder Männlein noch Weiblein viel Lust, die gewaltige, wenn auch etwas geschrägte Titanic zu verlassen zugunsten eines solchen Napfes, in den man sieben Stockwerke hoch über der finsteren Tiefe klettern muss. Manche Passagiere meinen: «So viel Vorsicht halte ich für eine Narretei» oder: «Das Ganze ist doch wohl ein Witz?»

Möglicherweise sind es die Offiziere selbst, die, um eine Panik zu vermeiden, jenen Satz ausstreuen, der von Mund zu Mund gemurmelt wird: «Dieses Schiff ist selbst ein Rettungsboot und kann nicht untergehen!» Viele Frauen äußern, sie wollten warten und «später mit ihren Männern einsteigen».

Wer aber eingestiegen ist wie Mrs. J. Stuart White, die gehbehinderte Dame mit dem Herrensitz Briarcliff im Staat New York und einer ständigen Suite im Waldorf-Astoria – für den fängt der Ärger erst an. Zwar lobt Mrs. White später, wie kundig und höflich man ihr ins Boot geholfen und dass es keinerlei Aufregung gegeben habe – «nur natürlich viel Pathos, als die Ehepaare sich zum Abschied küssten», fünf Männer bleiben bei diesem zweiten Rettungsboot allein zurück. Auch wird Mrs. White von ihrer Zofe und ihrer Gesellschafterin beschützt, «nur mein Diener ist umgekommen».

Aber was die Bootsbesatzung – ein Matrose, zwei Stewards, ein Koch – sich erlaubt, das versetzt Mrs. White in Entrüstung. Zündet sich doch ein Steward beim Ablegen vom Schiff eine Zigarette an – «in einer solchen Situation!». Später stopft sich gar einer eine Pfeife, während er die Damen rudern lässt. Und als der einzige Matrose einem der Stewards eine Anweisung geben will, da antwortet der: «Wenn du nicht aufhörst, durch dieses Loch in deiner Visage zu quatschen, dann haben wir bald einen weniger im Boot», so zitiert es die zerbrechliche Dame empört vor den Senatoren.

Das Tollste aber ist, dass die Stewards nicht rudern können. Haben sie nicht die Weisung, mit voller Kraft auf das Geisterschiff zuzuhalten, dessen Positionslichter jedermann zu sehen glaubt, die Passagiere dort auszuladen und dann zurückzurudern, um neue aufzunehmen?

Einem «rutschte das Ruder in allen Richtungen übers Boot», berichtet Mrs. White. «Ich fragte ihn: ‹Warum tun Sie das Ruder nicht in die Dolle?› Er erwiderte: ‹Ach, da rein?› Das waren die Männer, mit denen man uns auf dem nächtlichen Meer aussetzte!»

Und auf der Titanic seien so viele prächtige Kerle zurückgeblieben, «Athleten und Männer von Verstand», fährt Mrs. White fort. «Wäre ihnen gestattet worden, mit ihren Familien in diese Boote zu gehen, so wären die Boote vernünftig bemannt gewesen und viele Menschenleben zusätzlich gerettet worden, statt dass man diesen Stewards erlaubte, sich in Sicherheit zu bringen unter dem Vorwand, dass sie rudern könnten, und dabei hatten sie keine Ahnung.»

Auch Major Arthur Godfrey Peuchen, der Yachtbesitzer aus Toronto, rügt das. Und Lawrence Beesley, der junge englische Magister, schreibt in seinem Erlebnisbericht: «Unter den Passagieren befanden sich viele reiche Müßiggänger, die erstklassige Sportler waren (Rudern eingeschlossen) und wahrscheinlich körperlich besser geeignet als ein Steward, stundenlang auf offener See zu rudern. Beherrscht aber ein Steward das Rudern nicht, so hat er kein Recht, am Ruder zu sitzen; sodass, nach dem ungeschriebenen Gesetz, wonach die Passagiere der Mannschaft vorgehen, wenn es nicht für alle reicht, die Mehrheit der Stewards und Köche hätte zurückbleiben müssen.» Ob es nicht beschämend sei, dass absolut und relativ mehr Besatzungsmitglieder gerettet wurden als männliche Passagiere?

Im Rauchsalon der ersten Klasse im 6. Stock demonstrieren unterdessen vier Herren der feinsten amerikanischen Gesellschaft, dass der ganze Trubel um die Rettung sie nicht weiter interessiert. Colonel Gracie aus Washington sieht sie da einsam sitzen, kurz vor 1 Uhr früh, knapp eineinhalb Stunden vor dem Untergang: Archibald Butt, Militärberater des amerikanischen Präsidenten Taft; den Stahlfabrikanten Arthur Ryerson aus

Chicago; den 65-jährigen Maler und Schriftsteller Francis Davis Millet, Präsident oder Mitglied zahlreicher internationaler Akademien; und Clarence Moore aus Washington, Archäologe, Weltenbummler, Importeur englischer Jagdhunde.

«Die vier schienen mit klarem Vorsatz bei ihrer Sache», berichtet Gracie, «und nahmen nichts von all dem zur Kenntnis, was auf den Decks um sie herum vorging» – nichts von dem Geschiebe, den Kommandos, den Abschiedsszenen, nichts vom Quietschen der Flaschenzüge, dem krampfhaft fröhlichen Gefiedel und Gedudel der Bordkapelle, dem Zischen der Notraketen. Nur die Schieflage der Titanic kann ihnen nicht verborgen geblieben sein: Gerade dass die Gläser noch nicht umfallen, der Whisky zeigt den Horizont.

Man darf vermuten, dass die vier voreinander und vor den anderen Passagieren eine kleine Schau daraus machen, wie souverän ein Gentleman mit Leben und Tod umgeht; schließlich ist auch Mr. Millet nicht nur Künstler, sondern er war schon Trommler im Amerikanischen Bürgerkrieg, dazu Kriegskorrespondent im Russisch-Türkischen Krieg von 1877/78 und ist Träger mehrerer russischer Orden. Von solcher Art sind die Männer, die Mrs. White in den Booten hätte sehen wollen! Doch sie sterben alle.

Zwei bis fünf Etagen tiefer drängen sich mehrere hundert der 706 Passagiere der dritten Klasse durch die Gänge, Treppen und Aufenthaltsräume, viele mit ihrem bisschen Hab und Gut gebündelt auf dem Rücken; Schwimmwesten haben die wenigsten angelegt. Es sind überwiegend jüngere Leute, arme Teufel aus halb Europa, die in der Neuen Welt ihr Glück versuchen wollen:

0.50 BIS 0.55 UHR

462 Männer, 165 Frauen (meist Ehefrauen) und 79 Kinder, bis zum quäkenden Säugling herab.

Sie heißen noch «Zwischendeck-Passagiere» aus der Zeit der großen Segler und der frühen Dampfer, als man die Armen in Massenquartiere über der Ladung und unter den besseren Passagieren stopfte. Auf der Titanic haben sie immerhin Vier-Bett-Kabinen, zwar eng und meist ohne Tageslicht, aber doch besser als die Schlafsäle für bis zu 54 Mann für Stewards, Heizer und Kohlentrimmer. Auch gibt es ganz anständiges Essen an weißgedeckten Tischen.

Die Vielzahl der Kabinen freilich bekräftigt den Verdacht, die Stewards könnten sich hier mit dem Wecken nicht ausreichend Mühe gegeben haben, und Dutzende der Zwischendeck-Passagiere seien erst erwacht, als der Bug der Titanic sich so tief ins Wasser bohrte, dass sie aus den Betten fielen – zu spät, um durch das Labyrinth von Gängen, die schon fast Schächte waren, den 7. Stock, das Bootsdeck, zu erreichen.

Die aber wach sind, sind ratlos und verstört. Frauen drehen murmelnd den Rosenkranz. Es wird auch laut gebetet, geschluchzt, «Mama mia!» geschrien; dazwischen, zumal von Männern, die eine Schnapsflasche bei sich haben, manches Gelächter, aus Ahnungslosigkeit, Kraftmeierei oder Galgenhumor.

Und was hat es auf sich mit einem Kernstück der meisten Titanic-Verfilmungen: der menschenverachtenden Benachteiligung der Zwischendeck-Passagiere, als es um die Zuteilung der allzu knappen Plätze in den Rettungsbooten geht? Werden nicht alle 30 Kinder der ersten und zweiten Klasse gerettet, während von der dritten Klasse 52 Kinder elend ersaufen? Und werden nicht von den Frauen der ersten Klasse 97 Prozent geborgen, aus dem Zwischendeck aber nur 46 Prozent? So ist es – doch allein deswegen, weil Hunderte von Passagieren der dritten Klasse nie auf dem Bootsdeck angekommen sind. Dafür gibt es drei Gründe:

Der erste ist die nur schwer vorstellbare Verschachtelung der sieben Kilometer langen Korridore; Kabinen und Gemeinschaftsräume der drei Klassen erstrecken sich jeweils über fünf verschiedene Etagen, bei strikter Trennung der Klassen voneinander, woraus ein kompliziertes System von Treppen, Aufzügen und Absperrungen folgt, mit Sackgassen, Schleichwegen nur für Eingeweihte und einer natürlichen Benachteiligung derer, die zuunterst wohnen, also der dritten Klasse. So finden sich einige Frauen plötzlich hilflos im 5. Stock auf dem menschenleeren Promenadendeck der zweiten Klasse, wo alle Wege enden.

Daraus hätte nun zweitens folgen müssen, dass die Stewards sich um die Zwischendeck-Passagiere besonders kümmern, da sie am tiefsten im Bauch des Schiffes stecken, mit den meisten Kindern behangen sind und überwiegend nicht einmal die englische Beschilderung lesen können. Man denke an jene Alma Paulsson mit ihren vier Kindern oder an Margaret Rice mit fünf, von denen man nichts weiß, als dass sie allesamt umgekommen sind. Diesen Müttern hätte wahrlich jemand helfen müssen.

Dass es nicht geschieht, ist wohl Bestandteil der allgemeinen Desorganisation, vielleicht überdies des 1912 unangefochten herrschenden Gefühls, dass der kleine Mann nicht auch noch Bedienung brauche. Von einem einzigen Steward ist bezeugt, dass er sich der dritten Klasse umsichtig angenommen hat, indem er zwei Gruppen von Frauen und Kindern zum Bootsdeck schleust – unter erheblichem Widerstand eben aus der dritten Klasse, da doch die Familien zusammenbleiben wollen und da es die kleinen Leute viel härter trifft, ihr Gepäck zurückzulassen, als jene Lady, die mit 14 Schrankkoffern und 38 Hüten reist.

Dem steht in einem Fall tatsächlich eine Aussperrung der dritten Klasse gegenüber: «Ein paar Matrosen versuchten, uns unten festzuhalten», berichtet der 21-jährige Ire Daniel Buckley. «Als einer von uns die Tür vom Treppenhaus der dritten Klasse zum Deck der ersten Klasse öffnen wollte, hat so ein Kerl ihn runtergestoßen und die Tür abgeschlossen. Da haben wir sie eingetreten.»

Das aber ist die einzige ausdrückliche Benachteiligung. Buckley versichert: «Wir hatten die gleichen Chancen wie die Passagiere der ersten und zweiten Klasse.» Der Fünfte Offizier Harold Lowe sagt vor den Senatoren: «Rangordnung unter den Frauen? Das gab es nicht. Wir nahmen die nächste, ob erste Klasse, zweite, dritte Klasse oder 67. Klasse – ohne Rücksicht auf Stand, Herkommen oder Staatsangehörigkeit.»

Das ist glaubhaft, wenn man bedenkt, dass von den männlichen Passagieren der dritten Klasse immerhin 75 überleben, dagegen von den vier Männern an Bord, die nach heutigem Geld Milliardäre wären, nicht einer. Die Milliardäre sterben so komplett wie die acht Musiker auf dem Oberdeck und die 30 Ingenieure, die tief unten dafür sorgen, dass das Licht nicht erlischt.

Einer dieser Geldbarone, nächst Colonel Astor der reichste Mann an Bord, ist der exzentrische Benjamin Guggenheim, Vater der auch bei uns berühmten Mäzenin Peggy Guggenheim, die 1979 in ihrem Palazzo in Venedig starb, und einer der sieben Söhne des Meyer Guggenheim aus Langnau in der Schweiz, der es in Philadelphia vom Hausierer zum Besitzer des größten Blei-, Silber- und Kupfer-Imperiums der Vereinigten Staaten gebracht hatte.

Benjamin Guggenheim erscheint im Smoking auf dem Bootsdeck, den er, wie die Anekdote will, eigens angelegt hat, um in der Stunde seines Todes angemessen gekleidet zu sein, und vielen Frauen hilft er in die Rettungsboote. Er ist ein berühmter Weiberheld, der in Paris eine Gräfin zur Mätresse und in New York eine rothaarige Prostituierte als angestellte Masseuse in seinem Haushalt hat – Peggy, 14, als ihr Vater im Atlantik stirbt, weiß davon später zu erzählen.

«Liebe eine Frau nie vor dem Frühstück», riet Benjamin seinem Neffen. «Denn erstens ist das anstrengend, und zweitens weißt du nie, ob dir nicht nach dem Frühstück eine begegnet, die dir besser gefällt.»

Solche Leute also reisen in der ersten Klasse, und wenn sie auch meist nicht ganz so reich und überspannt sind wie Guggenheim, so sind sie doch durch Sprache und Lebensstil miteinander verbunden: fast durchweg Angehörige der Oberschicht in England, den USA und Kanada, weit gereist und gemeinsam überzeugt, dass vornehme Gelassenheit die oberste Tugend sei. (Die deutsche Oberschicht quert den Atlantik natürlich mit «Kaiser Wilhelm dem Großen» oder «Kronprinz Wilhelm» oder der «Kronprinzessin Cecilie».)

Die Passagiere der dritten Klasse dagegen empfinden sich gewiss als kleine Leute auf einem allzu großen Ozean. Sie sprechen Englisch, Schwedisch, Norwegisch, Finnisch, Deutsch, Holländisch, Italienisch, Spanisch, Kroatisch, Griechisch, Bulgarisch, Arabisch, und kaum einer von ihnen hat je zuvor ein Schiff betreten. Über das riesige Meer in eine unbekannte Welt hinauszureisen, ist unheimlich genug; wenigstens zu diesem Schiff haben sie inzwischen Vertrauen, mit ziemlich guten Gründen – und nun sollen sie auch diese Zuflucht verlassen, das kleine Zuhause, das sie sich in ihren Katakomben geschaffen haben? Das wäre, irgendwie, eine Auswanderung zu viel.

0.55 Uhr – noch 85 Minuten bis zum Ende: Das dritte Rettungsboot wird hinabgelassen. In den Leib der Titanic strömen auch in dieser Minute etwa 400 Tonnen Wasser. Es ist, als ob seit nunmehr fünf Viertelstunden alle 5 Sekunden ein Tanklastzug angefahren käme, um sein Wasser in den Bauch des Schiffes zu schütten, so lange, bis es endlich kopfüber in die Tiefe sackt.

Längst haben die sieben Reihen seiner festlichen Lichter einen etwas eigenwilligen Winkel zum Wasserspiegel hergestellt, und immer mehr seiner tausend Lampen schimmern unter Wasser weiter – nicht lange, doch lang genug, um den 97 Insassen der drei ersten Boote ein Schauspiel zu bieten, das sie zu verwirren beginnt. Umso mehr, als vom 7. Stock da oben der nächste Notschrei in den Himmel zischt – freilich «klein, matt und unnütz», wie es die Gouvernante Elizabeth Shutes empfand, «denn nie habe ich einen so leuchtenden Sternenhimmel und so viele Sternschnuppen gesehen».

Das Bootsdeck in der 8. Überwasser-Etage. Hier spielte der letzte Akt der Tragödie.

Der Gymnastikraum auf dem Boots- deck – ein Ort der Geselligkeit für ein paar Passagiere noch eine Stunde vor dem Untergang.

Rauchsalon der ersten Klasse, 6. Stock. Noch mehr als eine Stunden nach der Kollision tranken hier vier Herren der feinsten Gesellschaft ihren Whisky, obwohl er schon schräg in den Gläsern stand.

Eines der beiden Treppenhäuser der ersten Klasse. Sie war über fünf Etagen verteilt: Nicht oben wollten die Reichen wohnen, sondern in der Mitte des Schiffs, wo es am wenigsten schwankt.

Das Café Parisienne, eine kleine Abwechslung für die feinen Leute.

Den höchsten Luxus auf allen Meeren wollte die White Star Line dem Geldadel zweier Kontinente bieten, und so sah eine der Suiten der ersten Klasse aus: der Salon.

Dazu das Schlafgemach mit zwei getrennten Liegestätten. Im Hintergrund ein Sofa und der Toilettentisch.

Und zur Suite gehörte natürlich ein privates Promenadendeck. 4000 Dollar kostete der Luxus für eine Überfahrt – an die 100 000 Euro nach heutigem Wert.

Das Türkische Bad – «Wellness» anno 1912.

Der Speisesaal der dritten Klasse – für die armen Teufel aus halb Europa, die in der Neuen Welt ihr Glück machen wollten. Viele von ihnen hatten nie an einem gedeckten Tisch gesessen, noch dazu bedient. Für die meisten war es auch das letzte Mal.

In der dritten Klasse vier Betten, doppelstöckig – hier korrekt nachgebaut für eine Ausstellung in Berlins «Kindercity», 2009.

Die letzte Speisekarte für die dritte Klasse. Das Supper sieht ein bisschen dürftig aus – sonst war's offenbar zum Sattwerden. Für umgerechnet 60 000 Mark wurde dieses Exemplar im Jahr 2000 bei Sotheby's versteigert.

WHITE STAR LINE.

R.M.S. "TITANIC."   APRIL 14, 1912.

THIRD CLASS.

BREAKFAST.

OATMEAL PORRIDGE & MILK
SMOKED HERRINGS, JACKET POTATOES
HAM & EGGS
FRESH BREAD & BUTTER
MARMALADE   SWEDISH BREAD
TEA   COFFEE

DINNER.

RICE SOUP
FRESH BREAD   CABIN BISCUITS
ROAST BEEF, BROWN GRAVY
SWEET CORN   BOILED POTATOES
PLUM PUDDING, SWEET SAUCE
FRUIT

TEA.

COLD MEAT
CHEESE   PICKLES
FRESH BREAD & BUTTER
STEWED FIGS & RICE
TEA

SUPPER.

GRUEL   CABIN BISCUITS   CHEESE

Any complaint respecting the Food supplied, want of attention or incivility, should be at once reported to the Purser or Chief Steward. For purposes of identification, each Steward wears a numbered badge on the arm.

R.M.S."TITANIC

APRIL 14, 1912.

LUNCHEON.

CONSOMMÉ FERMIER   COCKIE LEEKIE

FILLETS OF BRILL

EGG À L'ARGENTEUIL

CHICKEN À LA MARYLAND

CORNED BEEF, VEGETABLES, DUMPLINGS

FROM THE GRILL.

GRILLED MUTTON CHOPS

MASHED, FRIED & BAKED JACKET POTATOES

CUSTARD PUDDING

APPLE MERINGUE   PASTRY

BUFFET.

SALMON MAYONNAISE   POTTED SHRIMPS

NORWEGIAN ANCHOVIES   SOUSED HERRINGS

PLAIN & SMOKED SARDINES

ROAST BEEF

ROUND OF SPICED BEEF

VEAL & HAM PIE

VIRGINIA & CUMBERLAND HAM

BOLOGNA SAUSAGE   BRAWN

GALANTINE OF CHICKEN

CORNED OX TONGUE

LETTUCE   BEETROOT   TOMATOES

CHEESE.

CHESHIRE, STILTON, GORGONZOLA, EDAM,
CAMEMBERT, ROQUEFORT, ST. IVEL,
CHEDDAR

Iced draught Munich Lager Beer 3d. & 6d. a Tankard.

Lunch in der ersten Klasse: entweder ein eher bürgerliches Menü aus nur drei Gängen – oder ein Büfett mit fünf Arten Fisch, acht Sorten Fleisch und acht Sorten Käse. Der wahre Luxus wurde erst abends geboten, beim Dinner.

Dinner der zweiten Klasse: Nach der Consommé die Auswahl zwischen Schellfisch, Lamm, Truthahn und Hühnchen, dazu fünf Arten von Nachtisch nebst Nüssen, Biskuits und Obst. Es war das letzte Dinner an Bord der Titanic.

TRIPLE SCREW STEAMER "TITANIC."

2ND CLASS

APRIL 14, 1912.

DINNER.

CONSOMMÉ TAPIOCA

BAKED HADDOCK, SHARP SAUCE

CURRIED CHICKEN & RICE

SPRING LAMB, MINT SAUCE

ROAST TURKEY, CRANBERRY SAUCE

GREEN PEAS   PURÉE TURNIPS

BOILED RICE

BOILED & ROAST POTATOES

PLUM PUDDING

WINE JELLY   COCOANUT SANDWICH

AMERICAN ICE CREAM

NUTS ASSORTED

FRESH FRUIT

CHEESE   BISCUITS

1.00 BIS 1.40 UHR
DIE LETZTE NOTRAKETE ZISCHT IN DEN HIMMEL

1.00 Uhr – Halbzeit: Vor 80 Minuten hat der Eisberg die Titanic leckgeschlagen, in 80 Minuten wird sie untergehen. Gerade werden das vierte und fünfte der zwanzig Rettungsboote vom siebten Stock 21 Meter tief auf das nachtschwarze Eiswasser hinabgelassen; in beiden zusammen sitzen nur 68 Menschen, obwohl es 130 Plätze gibt. Die Bordkapelle dudelt dazu weiter ihren Jazz – «eine Musik, die ich eigentlich nicht mag», berichtet der Zweite Offizier Lightoller, «aber in dieser Nacht hat sie mich gefreut. Ich glaube, sie hat uns allen geholfen». Vor allem hat sie die Passagiere in der Illusion bestärkt, dass entweder die Titanic gar nicht untergehe oder doch spät genug, um vorher alle an Bord in Sicherheit zu bringen.

Auch Mrs. Eloise Hughes Smith aus Philadelphia ist nur mühsam dazu zu bewegen, in das Boot zu steigen, das jetzt backbord zu Wasser geht; das Boot davor hat sie mit Erfolg verweigert. «Ich ging zu Captain Smith und fragte ihn, ob nicht mein Mann mit einsteigen könne. Er nahm mich nicht zur Kenntnis und schrie erneut durchs Megaphon: ‹Frauen und Kinder zuerst!› Da sagte mein Mann zu mir: ‹Ich hätte nie geglaubt, dass ich dich einmal um Gehorsam bitten würde, aber dieses eine Mal musst du gehorchen. Es ist nur eine Formsache, dass die Frauen zuerst in die Boote müssen. Jeder wird hier gerettet.»

«Ich fragte meinen Mann, ob er völlig ehrlich mit mir sei», erzählt Mrs. Smith weiter, «und er sagte: ‹Ja.› Da fühlte ich mich etwas besser, denn ich hatte absolutes Vertrauen zu ihm. Er küsste mich und sagte: ‹Auf Wiedersehen›, und zusammen mit einem Offizier schob er mich ins Boot. Vom Deck herunter rief er mir noch nach: ‹Lass die Hände in den Taschen, es ist sehr kalt!› Das war das Letzte, was ich von ihm sah; und jetzt erinnere ich mich der vielen Ehemänner, die dem Boot den Rücken zukehrten, kaum dass es hinabgelassen wurde.»

Gleichzeitig mit diesem Boot wird auf der anderen Seite, steuerbord, ein weiteres abgefiert – und wieder finden sich zu wenige Passagiere, die es besteigen wollen: «‹Wer ist der Nächste?›, schrie ich», berichtet der Fünfte Offizier Lowe, «und es gab keine Antwort.»

Da springen ein halbes Dutzend Heizer hinein, auch vier Herren aus der ersten Klasse mit zwei Dienern und einem Hund – während sich gleichzeitig vier andere Erster-Klasse-Passagiere von ihren Frauen verabschieden, obwohl doch Platz vorhanden ist und der Offizier jedermann zum Einsteigen ermuntert hat. Dies lässt sich nur damit erklären, dass der gesunde Menschenverstand nicht gegen die moralische Wucht ankommt, die das Schlagwort «Frauen und Kinder zuerst!» für Männer von Ehre besitzt.

Einer der vier, die ihre Frauen allein in die Boote lassen und sich auf diese Weise den Tod geben, ist der Präsident der kanadischen Grand Trunk Railway, der Multimillionär Charles M. Hays. «Wäre er der Chef dieser Schifffahrtslinie gewesen, dann wäre die Titanic nicht untergegangen!», schreibt ein paar Wochen später der amerikanische Schriftsteller Elbert Hubbard, der dann 1915 mit der «Lusitania» untergeht. «Hays stellte die Sicherheit über die Geschwindigkeit. Hays hätte einen Suchscheinwerfer installiert und den Eisberg auf fünf Meilen entdeckt. Hays hätte den Raum, den das alberne Schwimmbad einnahm, mit Rettungsbooten vollgestopft.»

Das ist ein Stück der Kritik, die sogleich nach dem Untergang der Titanic über dem Kapitän und der Reederei zusammenschlägt. Doch gemunkelt wurde an Bord schon vor der Kollision, und es wäre ein Wunder, wenn danach die vielen wartenden Passagiere nicht erst recht davon geredet hätten.

Denn als böses Omen galten sie sogleich, die beiden Zwischenfälle, in die Captain Smith vor der Katastrophe verwickelt war. Gut ein halbes Jahr zuvor, am 20. September 1911, hatte Smith das Kommando über das ältere Schwesterschiff der Titanic, die «Olympic», als diese im Hafen von Southampton mit dem britischen Kreuzer «Hawke» zusammenstieß: kein Ruhmesblatt für die britische Seefahrt, denn die beiden Schiffe erkannten einander schon auf sechs Kilometer Entfernung und manövrierten dennoch so, dass die «Hawke» ihren Bug mit explosionsartigem Knall in die Flanke der «Olympic» bohrte (wie 1956 die «Andrea Doria» und die «Stockholm» sich so lange auf den Radarschirmen beobachteten, bis sie zusammenstießen, 43 Menschen umkamen und die «Andrea Doria» unterging).

Damals, 1911, kam niemand ums Leben, aber alle Passagiere mussten die «Olympic» verlassen, zwei Wochen lang wurde sie unter der Wasserlinie von Tauchern wenigstens so zusammengeflickt, dass sie die Reise zum Dock in Belfast schaffte. Viele Geschäftsleute buchten wütend um, die Stewards der «Olympic» sprachen von einem «Todesschiff», als sie sich nach Belfast schleppte. Und der seinerzeit vermutlich höchstbezahlte Kapitän auf allen Meeren, mit vielen Anhängern und Anbetern unter den Globetrottern englischer Sprache, hatte ein paar Kratzer in der Krone.

Trotzdem: Seit 37 Jahren im Besitz des Kapitänspatents, seit 26 Jahren bei der White Star Line, nacheinander Kapitän von 17 White-Star-Dampfern und nun, mit 62, vor der Pensionierung – dieser Captain Smith sollte noch die Jungfernfahrt der Titanic leiten und sich dann zur Ruhe setzen.

Leider hatte er gleich wieder Pech: Bei der Ausreise aus Southampton, an ihrem ersten Tag im Dienst, riss in einer engen Fahrrinne der Sog der Titanic den viel kleineren amerikanischen Dampfer «New York» aus der Vertäuung, steuerlos streifte er mit dem Bugspriet das Riesenschiff, und es war reines Glück, dass die Schiffe nicht voll aufeinanderknallten.

Offensichtlich hatte Captain Smith nichts dazugelernt – offensichtlich waren die größten Schiffe der Welt beide zu groß für ihn: Denn beide Unfälle gingen darauf zurück, dass er zu schnell fuhr, gemessen an der Enge der Fahrrinne und dem ungeheuren Sog des am Rumpf entlangströmenden Wassers. Und dann fuhr er, bedenkt man die Eiswarnungen, ein drittes Mal zu schnell und steuerte sein Schiff in die Katastrophe.

«Die knapp vermiedene Kollision war für alle an Bord, die sich auf See auskannten, ein böses Omen», berichtet der Erster-Klasse-Passagier Jack Thayer. Die Stewards, großenteils von der «Olympic» übernommen nach deren «Todesfahrt», trugen das ihre dazu bei, dass es gleich nach diesem erneuten Zwischenfall unter Captain Smith allerlei Getuschel auf der Titanic gab.

Sollte die Schiffsführung von dieser Stimmung ganz frei geblieben sein?, fragt der junge englische Wissenschaftler und Zweiter-Klasse-Passagier Lawrence Beesley grüblerisch. «Vielleicht haben solche düsteren Vorzeichen manchmal mehr Einfluss auf die Menschen, als wir uns vorstellen. Zuweilen bedarf es nur einer Kleinigkeit, damit sich die Waagschale für oder gegen eine bestimmte Art zu handeln senkt.»

Ein vorzügliches Thema für den berühmten Maler Francis Davis Millet, den Militärberater des amerikanischen Präsidenten, Archibald Butt, und die beiden anderen Herren, die im Rauchsalon der ersten Klasse ungerührt bei ihrem Whisky sitzen – man möchte geradezu wünschen, dass die Gentlemen es hin- und hergewendet haben! Oder wäre es zu nah an der Wirklichkeit gewesen? Vermutlich sprechen sie eben nicht über das Sterben, sondern zum Beispiel über Pferde, Jagdhunde, Kriegserlebnisse und Weiber – weil Männer so sind; weil zumal reiche Angelsachsen anno 1912 so waren; und weil es in der Tat den Tod ein bisschen leichter macht, wenn man unterm Galgen nicht den Strick anstarrt, sondern von Kaviar plaudert.

Wahrscheinlich sprechen die Männer im Rauchsalon auch über das andere Weltwunder, während sie mit dem einen sinken: das Woolworth Building in New York, dem Frank Woolworth, der Gründer der Ladenkette, soeben mitten in den Bauarbeiten eine noch größere Höhe verordnet hat, um den 213 Meter hohen Metropolitan Tower von 1910 zu übertrumpfen. 240 Meter hoch soll es jetzt werden – man stelle sich vor!

Dabei gilt die demonstrative Gleichgültigkeit der vier Herren vermutlich noch immer nicht dem Sterben (denn wer an Bord der Titanic weiß schon, dass er in anderthalb Stunden tot sein wird?) – sondern einer unbestimmten finsteren Gefahr, die einen Gentleman nicht der Konfusion in die Arme treiben soll.

Das fünfte Boot ist durch schlechte Seilmanöver so schief zu Wasser gelassen worden, dass die Passagiere aufschreien. Auf dem ölig glatten Meeresspiegel angekommen, «verlangten die Matrosen von uns, wir sollten unter den Sitzen und überall nach einer Laterne suchen oder irgendeinem Licht», erzählt die Gouvernante Miss Shutes. «Aber es gab keines, auch kein Wasser und nichts zu essen. Dafür waren zwei Ruder rasch verloren.» Nur gut, dass da die Titanic schwimmt! «Unser erster Wunsch war, in ihrer Nähe zu bleiben. So ein Schiff konnte ja nicht untergehen. Gewiss war die Gefahr übertrieben worden, und wir würden alle wieder an Bord gehen können.»

1.15 Uhr – noch 65 Minuten bis zum Untergang: In die Bootsmanöver kommt endlich etwas Schwung. Elf der zwanzig Rettungsboote werden in der halben Stunde zu Wasser gelassen, die jetzt beginnt – und auf einmal sitzen in ihnen 55 – 64 – 70 Menschen. Das ist indessen keineswegs ein Ausdruck wachsender Angst, im Gegenteil: «Keine Frau schluchzte», berichtet Colonel Gracie. «Alle Passagiere waren ruhig wie in der Kirche», erzählt der Zweite Offizier Lightoller. Nur: Da die ersten fünf Boote ohne ernsten Zwischenfall unten angekommen sind, lässt das Misstrauen der Passagiere gegen diese Nussschalen ebenso nach wie die Sorge der Offiziere, volle Boote könnten durchbrechen bei ihrer 21 Meter langen Seilfahrt in die Tiefe.

Lawrence Beesley ist noch nachträglich verblüfft über das völlige Fehlen von Panik zu einer Zeit, da der Atlantik längst das Vorderschiff der Titanic bis zum Welldeck, dem 4. Stock, überspült. «Man kann ohne Übertreibung sagen: Wer zu Hause von der Katastrophe las und sich den Untergang der Titanic ausmalte, der spürte ein stärkeres Entsetzen als die Passagiere, die auf dem Bootsdeck standen und sie Zentimeter für Zentimeter sinken sahen. Die Nacht war so friedvoll, der Himmel so klar, das Meer wie ein Dorfteich, das Schiff ohne Bewegung.»

Beesley fährt fort: «Viele hatten das komische Gefühl, dass das Ganze ein Traum sei – dass sie von einem nahen Aussichtspunkt jenen Schauspielern zuschauten, die sich da die Schwimmwesten umbanden, und dass plötzlich die Bühne wieder leer sein würde. Das ist ein wunderbares Mittel gegen die Angst.»

1.20 Uhr – noch 60 Minuten bis zum Ende: In New York treffen erste verworrene Nachrichten ein, dass die Titanic (es ist 100 Minuten her) mit einem Eisberg zusammengestoßen sei. Auf der «Carpathia», die mit Volldampf auf die Titanic zufährt und 110 Minuten nach ihrem Untergang zur Stelle sein wird, hat der Chefsteward seine Männer im Speisesaal versammelt und fordert sie auf, sich durch äußerste Pflichterfüllung ein Ruhmesblatt im Buch der britischen Geschichte zu verdienen. Die viel nähere «Californian» könnte sich jetzt gerade neben die Titanic legen, hätte der Funker nur Strom gehabt.

Auf dem sinkenden Schiff werden das siebente und das achte Rettungsboot zu Wasser gelassen. Im letzten Moment ist eine ältere Dame wieder ausgestiegen, mit der Versicherung, sie wolle in ihre Kabine zurück. Auch in der siebenten der sechzehn abgeschotteten Abteilungen der Titanic – dem Kesselraum 4 – tritt jetzt Wasser aus den Bodenplatten.

1.30 Uhr: Noch 50 Minuten hat das Schiff zu leben. Steuerbord wird ein Boot abgefiert, in dem mit Duldung der Offiziere auch vier männliche Passagiere sitzen, darunter Lawrence Beesley. Eine dicke Frau jammert: «Ich will nicht in das Boot, ich bin doch noch nie in meinem Leben in einem Boot gewesen!» Sie wird hineingestoßen. Ein Steward im Rettungsboot fängt ein Bündel auf: ein Baby, in eine Decke gewickelt; die Mutter hat es ihm zugeworfen und klettert hinterher.

«Es war aufregend, langsam an all diesen strahlend erleuchteten Reihen von Kabinen und Salons vorbei in die Tiefe zu fahren», erzählt Beesley, «ruckweise, unter dem Quietschen der Seilrollen und den Kommandos der Matrosen von oben.»

Was gleichzeitig auf der Backbordseite des Schiffes der Fünfte Offizier Lowe erblickt, das sind nicht Lichterketten, sondern italienische Auswanderer, die sich im 6., 5., 4. Stock über die Reling lehnen «und mehr oder weniger wie wilde Bestien auf mein Boot starrten, auf der Lauer, hineinzuspringen».

Da aber Lowe das Boot mit 60 Menschen schon für überladen hält (er irrt sich, steuerbord wurden vor fünf Minuten 70 Menschen transportiert), fürchtet er, unter einer einzigen zusätzlichen Last könnte es in der Mitte durchbrechen, und so zieht er die Pistole und feuert – «bäng» macht er vor den Senatoren der amerikanischen Untersuchungskommission –, waagerecht zwischen Boot und Schiffswand entlang, zwischen den Köpfen der Geretteten und denen der «Bestien» hindurch, einmal beim 6. Stock, einmal beim 5. Stock, einmal beim 4. Stock.

Dem Ausschuss reicht Lowe später eine schriftliche Erklärung nach: Es sei leichtfertig gewesen, dass er – von «Bestien»? – nein: von «Italienern» gesprochen habe. In Wahrheit könne er nicht mehr sagen, als dass es sich offensichtlich um «Auswanderer romanischer Rasse» gehandelt habe.

1.35 Uhr – noch eine Dreiviertelstunde bis zum Ende. Steuerbord schwebt das dreizehnte Boot in die Tiefe – und um ein Haar hätte es das elfte Boot ersäuft, in dem Beesley sitzt: Dessen Boot sinkt nämlich genau dem gewaltigen Wasserstrahl entgegen, den die Kondensatorpumpen der Dampfmaschinen aus einer Öffnung in der Bordwand schleudern. Mit einem Ruder gelingt es den Insassen, sich weit genug von der Schiffswand abzustoßen, um dem Strahl auszuweichen, doch nun treibt er sie am Schiffsrumpf entlang, genau unter das dreizehnte Boot mit 70 Menschen. Vom unteren Boot schreien sie zum oberen, vom oberen zum Bootsdeck hinauf, aber die Mannschaft an den kreischenden Davits hört sie nicht. Noch vier Meter hängt das obere Boot über den Köpfen – noch drei – noch zwei: Da können ein paar Mann seinen Kiel erreichen und das untere Boot aus der Falllinie drücken, und der angehaltene Atem von 64 Geretteten entlädt sich in einem Massen-Seufzer.

In diesem Boot führt zunächst keiner das Kommando. Ein paar Heizer sowie die Stewards, deren weiße Jacken in der Nacht leuchten, zanken sich laut; schließlich einigen sich Besatzung und Passagiere, der Heizer Barrett, der an der Ruderpinne steht, solle als Kapitän fungieren. Einziges Ziel, da das mysteriöse Schiff verschwunden ist, auf das die ersten Boote zuruderten: weg vom befürchteten Sog und hin zu den anderen Booten.

Ein anderer Heizer, zähneklappernd im Unterhemd, trauert der heißen Suppe nach, in die er genau im Augenblick der Kollision den Löffel stecken wollte. Eine Dame bietet ihm einen überzähligen Pelzmantel an, doch er weigert sich, ihn anzunehmen, solange noch eine Lady friere.

Mrs. Hays, die Frau des Präsidenten der kanadischen Grand Trunk Railway, seit einer halben Stunde im fünften Boot, und ihre Tochter rufen bei jedem neuen in die Nacht: «Charles? Vater? Mr. Hays?» Und immer kommt die schreckliche Antwort: «No!»

Sonst wird wenig gesprochen in den Booten. Die Passagiere drücken sich aneinander und plustern sich auf gegen die schneidende Kälte in der windstillen Nacht. Die meisten starren auf die Lichterreihen, die so verwirrend schief im Wasser enden; Schornsteine und Deckaufbauten sind schwarze Flächen vor den Sternen.

Im vierten Boot, dem mit Mrs. Eloise Hughes Smith aus Philadelphia, dem kanadischen Segler Major Peuchen und 37 leeren Plätzen, glaubt man, von der Titanic einen Pfiff zu hören. «Dies war das Signal, zum Schiff zurückzurudern!», berichtet Peuchen. Aber Bootsmann Robert Hitchens, der das Kommando führt, sagt: «Nein, wir rudern nicht zurück! Jetzt geht's um unser Leben, nicht um ihres.» Einige Frauen, die ihre Männer an Bord zurückgelassen haben, protestieren, doch Hitchens schimpft sie nieder.

1.40 Uhr: noch 40 Minuten, bis das Meer sich über dem Heck der Titanic schließt. Dem Zweiten Offizier Lightoller prägt sich, als er vom Bootsdeck aus zum untergetauchten Vorderschiff sieht, «das unheimliche Bild» ein, wie das Wasser die lange Nottreppe zum 7. Stock Stufe um Stufe hinaufkriecht und jedes Mal ein paar Lampen verschluckt, die noch einige Sekunden lang grünlich weiterleuchten. Etliche Lichter weit über dem Wasser aber beginnen matter zu werden und zu flackern.

Auf der Steuerbordseite wird das fünfzehnte Boot herabgelassen – das viertletzte, denn von den 20 Rettungsbooten werden nur 18 klargemacht –, und der 49-jährige Lord Joseph Bruce Ismay aus Liverpool sitzt darin, Sohn und Erbe des Gründers der White Star Line, der die Titanic gehört – der große Buhmann der meisten Titanic-Verfilmungen.

Erst habe er das Riesenschiff durchs Eis und in den Untergang gejagt, so heißt es auch heute noch, und dann auch noch seine Haut gerettet zu Lasten einer Frau! Aber beides ist falsch.

Möglich, dass Ismay den Kapitän gedrängt hat, das Tempo trotz der Eiswarnungen nicht zu drosseln, damit die Titanic auf ihrer Jungfernfahrt pünktlich in New York ankommt (er bestreitet das). Nur nähme das von der totalen Verantwortung des Captain Smith nicht ein Jota weg. «Die Kapitäne müssen sich ständig darüber im Klaren sein, dass die Richtschnur ihres Handelns die

Sicherheit der Menschen und der Sachen zu sein hat, die ihnen anvertraut sind, und dass kein mutmaßlicher Zeitgewinn mit einer Erhöhung des Unfallrisikos erkauft werden darf», heißt es in der Dienstanweisung der White Star Line für ihre Kapitäne – wie eigens für die Titanic geschrieben.

Das schließt nicht aus, dass eben Captain Smith aufs Tempo drückte – vielleicht, weil er den Ehrgeiz hatte, bei einer Jungfernfahrt, die seine letzte Reise sein sollte, dem stolzesten Schiff der Erde keine Verspätung anzuhängen.

Und warum hat sich Ismay als Mann ins Boot gemogelt, da doch 109 Frauen und 52 Kinder mit der Titanic untergehen – und da doch erst wenige Minuten zuvor der Erste Offizier Murdoch eine Gruppe von Männern mit Pistolenschüssen aus ebendiesem Boot verscheucht hat, «Italiener und andere Ausländer», wie der Passagier Hugh Woolner sich ausdrückt, ein Unternehmer aus London.

Murdoch hat damit gegen Unordnung und Eigenmächtigkeit protestiert, vielleicht gefördert durch jene Vorbehalte gegen den «kleinen Mann», die wir, 100 Jahre später, der Oberschicht von damals nicht allzu forsch zum Vorwurf machen sollten. Doch nun sitzt in diesem Boot auch die letzte Frau, die steuerbord zu sehen war, und es ist noch reichlich Platz, und da steigt, unter den Augen des Offiziers, Lord Ismay in letzter Sekunde hinein.

Bis dahin aber, die ganzen zwei Stunden seit der Kollision, hat Ismay sich nach übereinstimmenden Aussagen vorbildlich verhalten: stets gefasst, die Passagiere beruhigend, energisch agierend zugunsten aller Frauen, die er sieht, die Männer mit höflicher Bestimmtheit zurückdrängend. Sein einziger Fehler ist sein Übereifer; der geht dem Fünften Offizier Lowe so auf die Nerven, dass er Ismay anschreit, freilich ohne ihn zu kennen: «Scheren Sie sich zum Teufel!»

Gegenüber, auf der Backbordseite, zu der vor einer Stunde Frauen und Kinder gerufen worden sind, haben Männer schlechtere Chancen. Dort plaudern um diese Zeit drei berühmte Todeskandidaten: die Milliardäre Colonel Astor aus New York und George D. Widener, der Straßenbahnkönig von Philadelphia, sowie John B. Thayer, Präsident der Pennsylvania Railroad; sie plaudern miteinander und mit ihren Frauen, denn nicht einmal die haben sich vorgedrängt. Drei Boote noch.

Um dieselbe Zeit, 1.40 Uhr, 40 Minuten vor dem Untergang, zischt die letzte Notrakete vom Oberdeck zum Himmel. Die Lichter des Geisterschiffs, das damit alarmiert werden sollte, sind längst erloschen. Nun wird es immer stiller an Bord: Nur noch dreimal quietschen die Flaschenzüge, und die Kapelle spielt ihren Ragtime unverdrossen weiter.

Vom Boot aus sieht es Beesley so: «Die Titanic lag absolut still, als ob der Anprall des Eises ihr allen Mut genommen hätte und sie nun gar nicht mehr versuchte, sich zu retten. Langsam und teilnahmslos sank sie tiefer und tiefer wie ein tödlich getroffenes Tier.»

*Aus dem Maschinenraum, bis zehn Minuten vor dem Ende mit Strom
versorgt, senden die Funker verzweifelt ihr SOS in die Nacht. Das
nächste Schiff hört sie nicht – das zweitnächste kommt zu spät.*

Form No. **4.—100.**— 17.8.10.   Deld. Date 14 APR 1912

Thé Marconi International Marine Communication Co., Ltd.,
WATERGATE HOUSE, YORK BUILDINGS, ADELPHI, LONDON, W.C.

No. "~~O L Y M P I C~~"   OFFICE.   14 Apr   19 12

CHARGES TO PAY.

Handed in at ~~TITANIC~~

This message has been transmitted subject to the conditions printed on the back hereof,
which have been agreed to by the Sender. If the accuracy of this message be doubted, the
Receiver, on paying the necessary charges, may have it repeated whenever possible, from
Office to Office over the Company's system, and should any error be shown to exist, all
charges for such repetition will be refunded. This Form must accompany any enquiry
respecting this Telegram.

*505 Seemeilen von der Titanic
entfernt, 935 Kilometer, hoffnungslos zu weit: ein Schiff
namens «Olympic» und der Funkspruch «Signal of Distress! Wir
haben einen Eisberg gerammt».*

To OLYMPIC

Eleven pm NEW YORK TIME TITANIC SENDING OUT SIGNALS OF DISTRESS
ANSWERED HIS CALLS.

TITANIC REPLIES AND GIVES ME HIS POSITION 41.46 N 50 14 W AND SAYS
"WE HAVE STRUCK AN ICE BERG".

OUR DISTANCE FROM TITANIC 505 MILES.

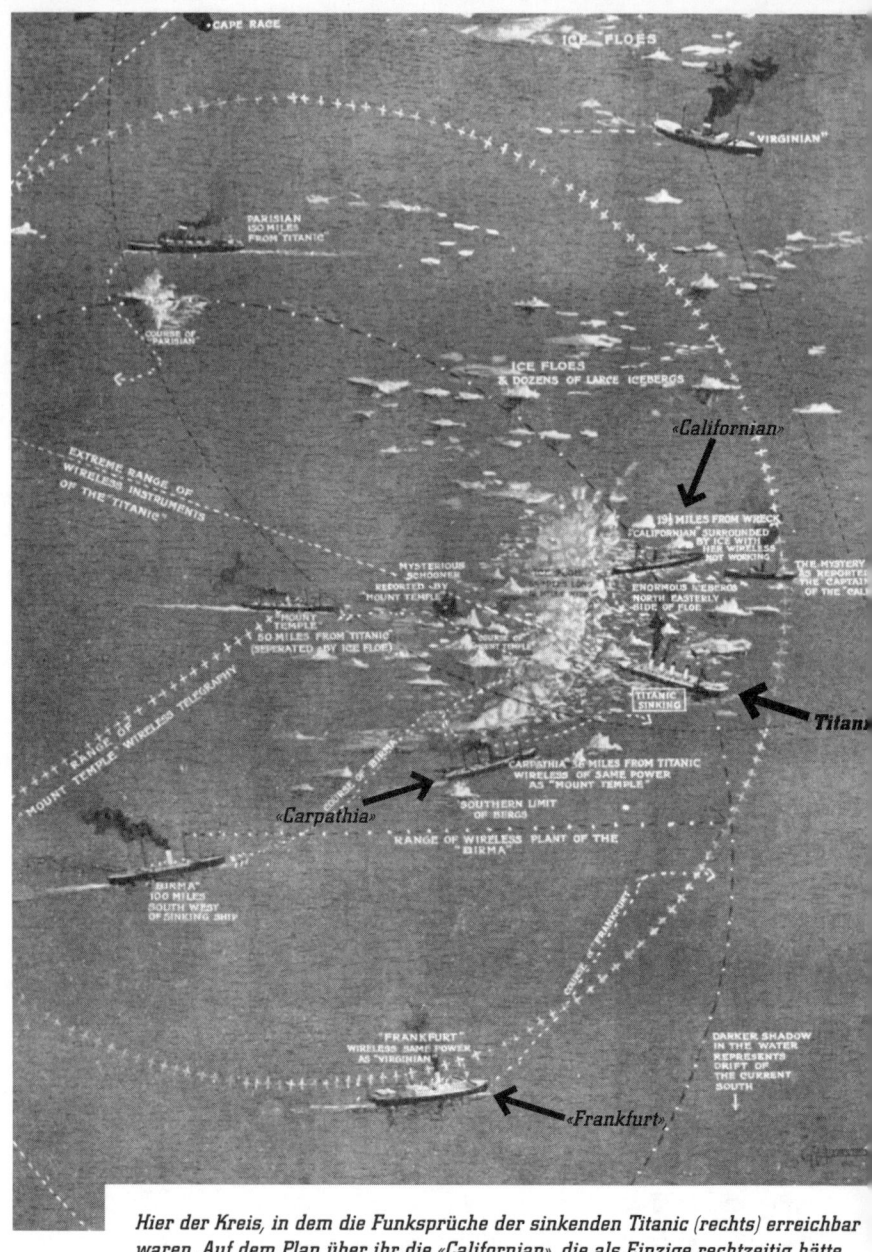

Hier der Kreis, in dem die Funksprüche der sinkenden Titanic (rechts) erreichbar waren. Auf dem Plan über ihr die «Californian», die als Einzige rechtzeitig hätte zur Stelle sein können; links unter ihr die «Carpathia», die als Einzige zu Hilfe eilte – zwei Stunden zu spät; unten die «Frankfurt», die die Funker der Titanic von 0.18 bis 0.35 Uhr vergeblich beschäftigte. Die anderen eingezeichneten Schiffe spielten bei der Untersuchung der Katastrophe keine Rolle.

Stanley Lord, Kapitän des Frachters «Californian», des einzigen Schiffs, das die Mehrzahl der Titanic-Passagiere hätte retten können – hätte der Kapitän nur seinem Heizer geglaubt, der am Nachthimmel ganz klar «Notsignale eines sehr großen Dampfers» aufsteigen sah.

Arthur Henry Rostron, dem Kapitän des Frachters «Carpathia», wurde von seinem Funker um 0.20 Uhr, vierzig Minuten nach der Kollision, das SOS der Titanic überbracht. Unverzüglich nahm er Kurs auf sie – und fand nur noch die Rettungsboote.

Thomas Andrews, der erst 38-jährige Cheftechniker der Werft Harland & Wolff. Er hat die Titanic gebaut, und zuletzt gesehen wird er eine Viertelstunde vor dem Ende, allein im Rauchsalon der ersten Klasse, die Schwimmweste lässig über einen Tisch geworfen.

Lord Joseph Bruce Ismay, Inhaber der White Star Line, der die Titanic gehörte – in den meisten Verfilmungen der Unhold, der dem Kapitän das verhängnisvolle Tempo aufzwang. Aber von der alleinigen Verantwortung des Captain Smith hätte das nichts weggenommen.

Charles Lightoller, Zweiter Offizier und unter den Überlebenden der Besatzung der wichtigste Zeuge. Fünf Minuten vor dem Ende wurde er in den Bauch der Titanic gesogen – zwei Minuten vor dem Ende wieder ausgespien.

↓ 75 FEET FROM BOAT DECK TO WATER.

*anschaulich gezeichnet von einem zeitgenössischen Illustrator – und doch zu milde: So gerade
auf dem Atlantik lag die Titanic längst nicht mehr, als die Boote zu Wasser gelassen wurden.*

Die Katastrophe aus der Sicht des damals populären Marinemalers Willy Stöwer. Eis freilich war während des Untergangs nirgends in Sicht, und viel steiler stellte sich die Titanic auf beim letzten Akt.

11 h. 45 : la collision avec un iceberg.

Minuit 5 : le *Titanic* fait eau

1 h. 50 : le bâtiment se brise par le milieu
et l'avant coule.

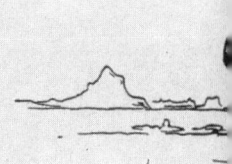

2 heures : le gaillard
à l'endroit où s

*Ziemlich realistisch skizziert, nach allem, was
wir wissen, von dem Passagier John B. Thayer,
der mit einem Sohn zusammen überlebte. Schon
im Rettungsboot, erzählte er, habe er mit dem
Zeichnen begonnen.*

*An Bord der Kampf ums Überleben – aus der
bisher letzten der vielen Titanic-Verfilmungen,
der von James Cameron 1997; wahrscheinlich realistisch.*

« TITANIC »

end les chaloupes.

1 h. 40 : le *Titanic* s'enfonce par l'avant.

pivote et se place
partie avant.

2 h. 5 : l'arrière reste dressé verticalement
pendant cinq minutes et disparaît.

1.45 BIS 2.07 UHR
DIE MILLIARDÄRE WERDEN ABGEWIESEN

In 35 Minuten wird der Atlantik über dem Heck der Titanic zusammenschlagen. Es ist 1.45 Uhr am 15. April 1912, in einer windstillen, eisigen Nacht der unglaublich funkelnden Sterne. Gerade wird das drittletzte Boot zu Wasser gelassen – nun sind von 2200 Menschen noch 1600 an Bord, und 100 davon werden sogar überleben. Noch ragen fast zwei Drittel der Titanic in mäßiger Schrägung aus dem Meer, festlich erleuchtet, denn Ingenieure und Maschinisten, tief unten halb im Wasser stehend, halten die Lichtmaschinen in Betrieb.

So hat auch die Funkstation noch Strom, und um 1.45 Uhr schickt sie an die «Carpathia» den Notruf aus: «Kommt, so schnell ihr könnt! Das Wasser steht schon zwischen den Kesseln.» Die «Carpathia» funkt zurück: «Kommen mit äußerster Kraft. Im Maschinenraum arbeiten zwei Schichten. Rettungsboote sind klargemacht.»

Bestätigt wird dieser Funkspruch nicht mehr. Zwar sendet die Titanic weiter Notsignale bis zehn Minuten vor dem Untergang, doch mit immer schwächerem Strom, und die «Carpathia» emp-

1.45 BIS 2.07 UHR

fängt von nun an keines mehr. Tollkühn dampft sie durch ein riesiges Eisfeld dem sinkenden Palast entgegen, und zu spät kommt sie doch.

Auf der Titanic glauben die meisten immer noch an Rettung. Viele hundert Passagiere sind nicht einmal aufs Bootsdeck hinaufgekommen, den 7. Stock des Hotels. Im Rauchsalon der dritten Klasse, im 4. Stock, wird nicht nur geraucht und getrunken – es werden auch Witze erzählt, und es wird sogar getanzt. Der Schiffsarzt Dr. William O'Loughlin schlendert eigens wieder in den 3. Stock hinab – um sich in der Speisekammer zu stärken, wie der überlebende Schiffsbäckermeister vermutet.

Der berühmte englische Journalist William T. Stead hat sich mit einem Buch in den Rauchsalon der ersten Klasse zurückgezogen. Die vier Herren dagegen, die dort vorher durch ihre lässige Whisky-Runde Aufsehen erregten, promenieren jetzt zwischen den letzten Booten, dort, wo auch die Bordkapelle unermüdlich fiedelt. Von den Milliardären an Bord ist zu berichten:

Die Astors halten nun doch langsam Ausschau nach einem Rettungsboot. Der exzentrische Benjamin Guggenheim, der seinem bevorstehenden Untergang zu Ehren den Smoking angezogen hat, zieht sich mit einer Flasche Champagner in seine Suite zurück, wie es in einer der berühmten Titanic-Anekdoten heißt. Der Steward Henry Etches erzählt es der Witwe später anders; Guggenheim habe ihm aufgetragen, ihr zu berichten: «Wenn mir etwas zustoßen sollte, dann sagen Sie meiner Frau, dass ich nach besten Kräften meine Pflicht getan habe. Keine Frau soll mit diesem Schiff untergehen, weil Benjamin Guggenheim ein Feigling war.» Und so habe er Frauen und Kindern bis zuletzt aufopferungsvoll geholfen, von den Offizieren respektiert und von ihm, dem Steward, noch im Davonrudern bewundert.

Doch Peggy Guggenheim, seine Tochter, hat auch diese Variante nie ernst genommen. Sie meinte, in Kenntnis des Guggenheim'schen Vermögens habe der Steward gehofft, eine schön erfundene Geschichte werde sich für ihn rentieren. Und falls sie doch wahr wäre, die Geschichte, wäre sie ja «wirklich sehr hübsch».

Wahr aber ist die Ballade von Isidor Straus aus dem Städtchen Otterberg bei Kaiserslautern, der es in New York zum Inhaber von Macy's gebracht hat, einem der größten Kaufhäuser der Welt, und seiner Frau Ida, die darauf besteht, mit ihm zu sterben. Vor einer Stunde war sie mit ihrer Zofe zum zweiten Boot gegangen, aber dann hatte sie die Zofe allein einsteigen lassen und war zu ihrem Mann zurückgekehrt – Überlebende berichten, mit den Worten: «Wir haben so viele Jahre zusammen verbracht! Wo du hingehst, da will ich auch hingehen. Wenn wir sterben müssen, dann sterben wir zusammen.»

Da versuchen die Historiker Colonel Gracie aus Washington und der Unternehmer Hugh Woolner aus London, Isidor Straus zu überreden, er möge mit seiner Frau in ein Boot einsteigen; schließlich sei er 67, niemand werde was dagegen haben, und in den Booten sei ja Platz. Doch der Alte sagt: «Ich werde mein Schicksal mit dem der anderen Männer teilen.» Und so schlendert das Paar übers Bootsdeck, Arm in Arm, «in heiterem Geplauder», und manchmal lehnt es eng umschlungen an der Reling.

Der Zweite Offizier Lightoller, der dies registriert, hat zwei weitere unzertrennliche Paare gesehen, weniger prominent und daher unbekannten Namens, beide vermutlich in den Flitterwochen: «einen hochaufgeschossenen Engländer von bestem Schlag» und seine blutjunge Frau, «die ich mehrfach mit einer Art stiller Einladung anblickte, doch ins Boot zu kommen» – vergebens; und ein amerikanisches Paar, bei dem der Offizier die Braut ausdrücklich fragt: «Darf ich Sie nicht in ein Boot führen?» Doch sie erwidert: «Um keinen Preis. Wir haben unsere Reise gemeinsam begonnen, wir werden sie gemeinsam beenden.»

1.50 Uhr – 30 Minuten vor dem Untergang. Captain Smith kalkuliert das richtig: «Es kann nicht länger als eine halbe Stunde dauern», sagt er bei einem Besuch im Funkraum und ermahnt die Funker, weiter SOS zu senden.

Lightoller blickt wieder einmal die Außentreppe hinab, die ihm Stufe für Stufe das Absacken des Riesenschiffs signalisiert, und folgert: «Jetzt war es offensichtlich – nicht nur, dass die Titanic sank, sondern dass sie sehr bald untergehen würde.»

Auf der Backbordseite wird das siebzehnte und vorletzte Boot klargemacht. Lightoller lässt es zum eingeglasten 6. Stock herab, wo inzwischen ein paar Fenster geöffnet werden konnten, und über eine provisorische Treppe aus Deckstühlen werden die Damen der ersten Klasse von ihren Männern zum Fensterbrett hinaufgeführt, aus dem Licht in die Nacht, und dann helfen Lightoller und ein Matrose ihnen beim Ein-Meter-Sprung ins Boot, denn die Titanic hat nach Backbord Schlagseite; aber dafür liegt der 6. Stock nur noch fünf Meter über dem Meer.

Emily Ryerson aus Chicago, deren Mann bis vor kurzem an der provokanten Herrenrunde im Rauchsalon teilgenommen hat, will neben ihren beiden Töchtern, dem Kindermädchen und ihrer französischen Zofe auch ihren Sohn mitnehmen, doch Lightoller ruft: «Der Junge darf nicht ins Boot!» Da tritt Mr. Ryerson auf ihn zu und sagt: «Aber natürlich geht der Junge mit seiner Mutter, er ist erst 13.» Lightoller gibt nach, doch zugleich verkündet er: «No more boys!»

Emily Ryerson küsst ihren Mann, «sehr ruhig» steht der Stahlfabrikant im rötlicher werdenden Licht der schrägen Veranda. Beim Sprung ins Boot landet Mrs. Ryerson auf einer anderen Frau und krabbelt dann zu ihrer Tochter nach vorn, wobei sie Mrs. Thayer erkennt, die Frau des Präsidenten der Pennsylvania Railroad, sowie die Milliardärsgattinnen Mrs. Astor und Mrs. Widener.

Auch Colonel Astor hat seiner Frau aufs Fensterbrett geholfen, und dann lehnt er sich aus dem Nachbarfenster und fragt höflich den Zweiten Offizier, ob er mit ihr gehen dürfe, denn sie sei schwanger. «No, Sir!», erwidert Lightoller barsch, «keine Männer, solange noch Frauen da sind.» Darauf Astor: «Dann sagen Sie mir bitte, welche Nummer das Boot hat, damit ich es später finden kann.» – «Nr. 4, Sir.» Der Offizier weiß nicht, dass er dem reichsten Mann Amerikas gegenübersteht, und der macht keinerlei Versuch, seine Prominenz oder seinen Reichtum auszuspielen.

Wir mögen das nur recht und billig finden. Doch bleibt die Frage, ob wir es heute beispielsweise von einem Ölscheich ebenso erwarten würden – und ob es nicht zumindest nach den Maßstäben von 1912 wirklich eine gewisse Leistung war.

Es wurden ja Dutzende von Bediensteten gerettet, Zofen, Kindermädchen und Gesellschafterinnen, auch aus der dritten Klasse 76 Frauen und sogar 75 Männer – und sollten wir nicht zu verstehen versuchen, was das damals für die Angehörigen einer Oberschicht bedeutete, die von den Bediensteten umsorgt, aber kaum je von ihnen berührt waren? Wie die amerikanische Historikerin Barbara Tuchman in ihrem Porträt von Englands 200 reichsten Familien vor 1914 schreibt: «In ihrem Leben war das Pferd noch immer ebenso unentbehrlich und allgegenwärtig wie der Diener; nur wurde es bedeutend höher geschätzt und besser behandelt.»

Und war nicht gerade Colonel Astor bis dahin mit der Unterschicht besonders ruppig umgesprungen? Erbe eines Vermögens, das sein Urgroßvater, der Fleischerssohn Johannes Jacob Astor aus Walldorf bei Heidelberg, als skrupelloser Pelzhändler, Indianerjäger und Grundstücksspekulant zusammengerafft hatte, erregte er 1894 in New York Wut und Gelächter durch die Art, wie er einen Stadtstreicher verfolgte, der unbefugt in die leere Kammer einer Astor'schen Wäscherin eingestiegen war, um warm zu schlafen: Astor ließ ihn festnehmen, und dass er mit fünf Dollar Geldstrafe davonkam, darüber empörte sich der Milliardär öffentlich: «Lässt man ihn so billig laufen, dann werden Hunderte von anderen dasselbe tun! Meine Mutter ist entsetzt.»

Doch es kam noch schlimmer: Der Stadtstreicher konnte die fünf Dollar nicht bezahlen, musste also ins Gefängnis, aber nur für zwei Tage, denn ein mildtätiger Bürger löste ihn aus. Da geriet Astor außer sich: «Es ist ungerecht und unerträglich», erklärte er der Presse, «dass ein Mann imstande ist, nachts in ein Haus einzusteigen und dann mit zwei Tagen Gefängnis davonzukommen!» So zeigte er den Übeltäter wegen versuchten Einbruchs an und war erst zufrieden, als er mit einem Jahr Gefängnis bestraft wurde.

Nun aber bleibt dieser selbe Astor schweigend, höflich und anonym zurück zugunsten von Menschen, die ihm als schrecklich kleine Leute erschienen sein müssen; viele von ihnen noch dazu «Ausländer», das heißt, nicht zur weltbeherrschenden Oberschicht aus Großbritannien, den USA und Kanada gehörend – ja, «Ausländer», sagen die überlebenden Offiziere und Erster-Klasse-Passagiere immer wieder über alle, die nicht Englisch sprechen, oder gar «dagoes», ein Schmähwort britischer Seeleute für Italiener, Spanier und Portugiesen; auch «wilde Bestien», wie der Fünfte Offizier Lowe, der vor 25 Minuten solche Auswanderer «romanischer Rasse» mit Schüssen von seinem Boot ferngehalten hat.

Wie erklärt sich dann die plötzliche Noblesse des stummen Verzichtens bei einem Mann, der eben dafür sein Leben lang noch nie berühmt gewesen, sondern nur ausgelacht, gehasst oder beneidet worden ist? Vielleicht damit, dass Astor gerade jetzt und hier dem sozialen Druck seiner Klasse folgt: Niemand soll uns betteln oder winseln sehen, und noch im Sterben sind wir die Größten. Vielleicht damit, dass der nun doch sichtbar nahende Tod in ihm ein paar Kräfte und Gefühle weckt, die eine Kindheit in kalter Pracht verschüttet hatte.

Der Milliardär hätte seinen Augen nicht getraut, hätte er gesehen, welch erstaunliche Handlung eine Minute nach dem Abschied seine junge Frau begeht: Sie sitzt in dem Boot, in das ihr Mann nicht durfte, und sorgt mit eigener Hand dafür, dass ein Mann der Unterschicht gerettet wird, den sie nicht kennt: Der 21-jährige irische Auswanderer Daniel Buckley ist, zusammen mit einigen Heizern und anderen Zwischendeck-Passagieren, in letzter Minute ins Boot 4 gesprungen. «Raus!», schreien die Offiziere, und da das nicht hilft, schießen sie über die Köpfe. Da klettern die Eindringlinge in die Veranda zurück – nur Buckley nicht, er weint, eine Frau wirft ihren Schal über ihn, lehnt sich über ihn und flüstert ihm zu, er möge bleiben. «Ich glaube, es war Mrs. Astor», berichtet Buckley dem amerikanischen Untersuchungsausschuss.

Da hat offenbar eine leidende Kreatur einer anderen geholfen, von Angst und Mitleid in eine Lage getrieben, in der alle Spielregeln der Gesellschaft, ja selbst der eigenen Ehe, nichts mehr gelten. «Und in der Tat schien, mitten in diesen grässlichen Augenblicken, in welchen alle irdischen Güter der Menschen zugrunde gingen, der menschliche Geist selbst wie eine schöne Blume aufzugehen», schreibt Heinrich von Kleist über eine andere Katastrophe, das «Erdbeben von Chili». «So weit das Auge reichte, sah man Menschen von allen Ständen, Fürsten und Bettler, Matronen und Bäuerinnen einander bemitleiden und sich wechselseitig Hilfe reichen, als ob das allgemeine Unglück alles, was ihm entronnen war, zu einer Familie gemacht hätte.»

1.55 Uhr, noch 25 Minuten. Bis auf Buckley sind alle Unbefugten aus Boot 4 entfernt, und Lightoller ruft aus der Veranda: «Wie viele Frauen sind da drin?» – «Vierundzwanzig!» – «Das genügt – abfieren!» Die Herren Astor, Thayer, Widener winken ihren Frauen nach. «Good-bye», ruft Astor. «Ich folge dir in einem anderen Boot.»

Bei ihrer kurzen Fahrt hinab zum bedrohlich nahe gekommenen Atlantik sehen die Bootsinsassen durch die Bullaugen Möbel in den Kabinen schwimmen, und kurz darauf hören sie das Krachen und Scheppern großer Mengen von Geschirr, das aus den Schränken und Regalen rutscht. 46 000 Teile Porzellan hat das Luxushotel an Bord, außerdem 26 000 Silberplatten und -tabletts, 28 000 Flaschen und 7000 Gläser, und auch die 35 000 Eier sind längst nicht alle aufgegessen.

Boot 4 darf noch nicht ablegen: Es soll zum Hinterschiff rudern, wo sich der Eingang zur zweiten Klasse im 2. Stock knapp über dem Wasserspiegel befindet, und dort weitere Passagiere aufnehmen. Sechs Matrosen schickt Lightoller nach unten, um den Eingang von innen zu öffnen; aber er bleibt verschlossen, und von den sechsen wird keiner mehr gesehen.

Die in Boot 4 werden unruhig, denn sie haben nicht nur, wie alle, Angst vor dem Sog, wenn die Titanic vielleicht doch untergeht, sondern Fässer und Deckstühle fliegen über ihre Köpfe – vom Bootsdeck hinabgeworfen als Flöße für den letzten Akt.

2.00 Uhr – noch 20 Minuten. Boot 4, das vorletzte, fischt drei Heizer auf, die Ersten, die den Sprung ins Eiswasser gewagt haben (Temperatur minus zwei Grad). Einer ist betrunken und schwenkt eine Schnapsflasche; der Bootsmann entreißt sie ihm und wirft sie über Bord.

Das achtzehnte und letzte Boot wird klargemacht. Es gibt

noch zwei Boote mehr, doch die Mannschaft schafft es nicht, sie vor dem Untergang ins Wasser zu bringen. Isidor Straus versucht doch noch einmal, seine Frau zum Einsteigen zu bewegen, doch sie weigert sich auch jetzt. Überhaupt hat Lightoller größte Schwierigkeiten, Frauen aufzuspüren.

Wo sind die ganzen Passagiere? Der Londoner Unternehmer Hugh Woolner durchschreitet das gesamte Promenadendeck, den 6. Stock, und es ist gänzlich menschenleer. Die Glühbirnen strahlen nicht mehr, sondern flackern rötlich dem Ende aller Dinge entgegen. Im Vorschiff erreicht das Wasser schon den 6. Stock.

Ja, wo sind die Passagiere? Wo sind die 1500 Menschen, die mit der Titanic sterben werden? «Wo waren sie alle?», fragt Senator Fletcher im Untersuchungsausschuss den Chefsteward der zweiten Klasse, John Hardy. «Ich kann es mir auch nicht vorstellen, Sir. Sie müssen weiter unten gewesen sein.»

Unten sind immer noch die meisten Heizer, Maschinisten, Ingenieure; doch jetzt läutet der Maschinentelegraph zum letzten Mal: «Abklingeln», nennen es die Männer, und es besagt: Die Lage ist hoffnungslos, euer Dienst ist zu Ende. Unten sind die meisten der 706 Passagiere der dritten Klasse – benachteiligt durch die Nachlässigkeit der Schiffsführung, durch die Verschlungenheit der Wege, die nach oben führen, und durch das angstvolle Sich-Klammern der Auswanderer an ihre Landsleute und ihr bisschen Hab und Gut. Doch langsam treibt auch im Hinterschiff, wo sie sich drängen, das Wasser sie nach oben.

In Boot 13, das vor einer halben Stunde abgefiert worden ist, herrscht weiter Zuversicht, so tief und schief die Titanic auch im Wasser hängt – ja, eine fast heitere Atmosphäre, Witze werden erzählt, und ein paar Insassen stimmen das Lied an: «Seemann, rudre zur Küste!» Das Wasser ist glatt wie Öl, und die Boote schaukeln sanft in leichter Dünung.

2.05 Uhr – die letzte Viertelstunde der Titanic ist eingeläutet.
Miss Edith Evans, Passagierin der ersten Klasse, weigert sich mit
aller Kraft, das letzte Boot zu besteigen – Colonel Gracie weiß,
warum: Ihm hat sie vor einer Stunde offenbart, dass ihr vor Jahren in London geweissagt worden sei, sie solle sich «vor Wasser»
in Acht nehmen; «und nun weiß ich, dass ich ertrinken werde».

Ohne Miss Evans also wird das achtzehnte und letzte Boot
hinabgelassen, an Bord 40 mühsam zusammengesuchte Frauen
und Kinder. Ein Deck tiefer, im 6. Stock, die Füße schon im Wasser, starren Hugh Woolner und sein Freund, der schwedische
Leutnant Björnstorm Steffanson, auf diese letzte Chance, die da
direkt vor ihren Köpfen herunterfährt, und mit einem mächti-
gen Satz – drei Meter weit, behauptet Woolner, dabei allerdings
etwas nach unten – springen sie. Steffanson trifft ins Boot, Woolner schlägt mit der Brust auf dem Bootsrand auf, bleibt jedoch
wegen der Korkschwimmweste unverletzt, fällt rückwärts ins
Wasser und wird herausgefischt.

Im Funkraum, wo der Zweite Funker Bride sich gerade den
Mantel überzieht und sein Geld zusammensucht, taucht Captain
Smith zum letzten Mal auf und sagt: «Sie können nichts mehr
tun, kümmern Sie sich um sich selbst.» Dies ist die letzte klare
Aussage über die letzten Minuten des Kapitäns. Doch die beiden
Funker harren noch weitere fünf Minuten aus und senden SOS.

Auf dem Bootsdeck, das einst der 7. Stock eines schwimmenden Luxushotels war und jetzt nur noch ein paar Meter über den
Atlantik ragt, macht sich nun wirklich und endlich Unruhe breit,
vom Ragtime der Bordkapelle kaum noch übertönt – und dies in
einem rasch wachsenden Gedränge. Die schwarzen Männer aus
den Kessel- und Maschinenräumen und viele verstörte Familien
aus der dritten Klasse quellen aus den Treppenhäusern; von den

Booten sehen sie alle nur noch die Seile, die müßig in den Davits baumeln.

Mehr und mehr drängen die Menschen bergauf zum Heck und versuchen, sich dabei von der Reling fernzuhalten, offenbar aus Angst, von dem Menschengewoge ins Wasser gedrückt zu werden.

Thomas Andrews, der Erbauer dieses Schiffs, steht mit verschränkten Armen im Rauchsalon der ersten Klasse (im noch trockenen Heck des 6. Stocks), die Schwimmweste lässig über einen Tisch geworfen. Bis vor wenigen Minuten hat keiner an Bord mehr Stewards angeleitet, mehr Frauen geholfen, mehr Passagiere mit freundlichen Lügen aufgerichtet als Andrews. Nun sieht ein Steward ihn aus dem Fenster blicken, und dann sieht ihn keiner mehr.

170 Seemeilen entfernt empfängt der Frachter «Virginian», nach Southampton unterwegs, um 2.07 Uhr zum ersten Mal den Notruf der Titanic, der zugleich ihr letzter ist, doch das Signal ist verschwommen und endet abrupt. Als der Funker den wachhabenden Offizier unterrichtet, stößt der ihn buchstäblich von der Brücke hinunter – «mit so was macht man keine Scherze!». Der Funker donnert mit dem Kopf gegen die Tür des Kartenraums, in dem der Kapitän schläft. Der erwacht, hört sich die Nachricht an und befiehlt, gut gemeint, doch eben viel zu spät: «Kurs auf die Titanic!»

Auf der haben nun die grausigen letzten 13 Minuten begonnen. Der Tod durch Ertrinken trifft dabei die wenigsten.

Mit ihren unförmigen Korkschwimmwesten wurden die Passagier an Deck beordert. In ihnen ertrank auch keiner. Der Tod kam durch Erfrieren.

Zwei der 18 Rettungsboote der Titanic. Weitere zwei wurden nicht mehr zu Wasser gelassen. Von den 1178 Plätzen in den Booten – ohnehin viel zu wenig für die 2201 Menschen an Bord – blieben 467 auch noch leer.

Sechs Stunden, bis ins Morgenlicht, rudern die letzten. Acht Männer, die sich schwimmend in die Boote hatten retten können, erfroren in der eisigen Nacht.

Die «Carpathia» ist
erreicht! Alle 703
Überlebenden finden
Platz an Bord des
Frachters und kommen
wohlbehalten in New
York an. Der Kapitän
hatte seine Besatzung
aufgefordert, sich mit
einem Ruhmesblatt
in die Geschichte der
britischen Seefahrt
einzuschreiben.

Drei Tage müssen die Überlebenden auf der «Carpathia» verbringen – ratlos, verstört, die meisten auf Notlagern im Speisesaal einquartiert, aber alle gut versorgt.

Mit erfrorenen Füßen
wird der Zweite
Funker der Titanic,
Harold Bride, an
Bord der «Carpathia»
getragen. Minus zwei
Grad hatte das Salz-
wasser des Atlantiks,
in das die Menschen
sprangen oder fielen.

Das war Lady Cosmo Duff Gordon. Zusammen mit ihrem Gemahl überredete sie die Matrosen in ihrem Rettungsboot, von der Titanic wegzurudern – mit 28 freien Plätzen.

Messrs Coutts Bank Ltd.
Strand. London. W.C 2

April 16 th '17

Pay to J. Horswell. or order;

The sum of Five Pounds.

£5 . 0 . 0 .

Cosmo Duff Gordon

Dass hinterher jeder der Ruderer von Sir Cosmo einen Scheck über fünf Pfund bekam
(damals ein kleines Vermögen), wurde ihm übel angekreidet. Angeklagt wurde er nicht.

2.07 BIS 2.19 UHR
DAS SCHIFF STELLT SICH AUF DEN KOPF

2.07 Uhr am 15. April 1912: In 13 Minuten wird das größte Schiff der Erde von der Oberfläche des Planeten verschwunden sein. Alle Boote sind davongerudert, rund 1530 Menschen noch an Bord, und fast alle werden sterben. An die Tausend von ihnen drängen sich auf den obersten Decks und schieben sich bergauf dem Heck entgegen, zur letzten Bastion des «unsinkbaren» Schiffs; doch das Wasser, schwarz und kalt, bleibt ihnen auf den Fersen.

Viele Passagiere beten das Vaterunser, halblaut die meisten, manche mit erhobener Stimme. Ein paar Kinder plärren; die meisten Erwachsenen sind nach wie vor still im Griff der steigenden Angst – nicht gerechnet jene auffallend fröhlichen Männer, die eine Whisky-Flasche erbeutet haben.

In den Funkraum torkelt halb bewusstlos eine Frau, der Zweite Funker Bride rückt ihr einen Stuhl zurecht und gibt ihr Wasser, während der Erste Funker Phillips aufs Deck geht, um die Lage zu sondieren. Kurz darauf taucht der Ehemann auf und schiebt seine Frau ins Freie.

2.07 BIS 2.19 UHR

Colonel Astor, der gleich den drei anderen Milliardären – Guggenheim, Straus und Widener – an Bord geblieben ist, wird zuletzt auf der Brücke gesehen, an der Seite von Major Butt, dem Militärberater des amerikanischen Präsidenten. Sechs Rettungsboote hatte Astor auf seiner Privatyacht – und hier keines mehr. Freilich, in der Seefahrt war der Colonel schon immer vom Pech verfolgt: Seine Yacht lief erst im Hudson auf ein Riff, dann stieß sie im Hafen von New York mit einer Fähre zusammen, dann rammte sie beim America's Cup die Yacht der Vanderbilts, und schließlich zerschellte sie bei Newport auf einer Klippe – mitsamt ihren vier Schnellfeuergeschützen, installiert gegen karibische Piraten, nichts geht ja über Sicherheit!

Geschütze sind ohnehin Astors Leidenschaft: Im Spanisch-Amerikanischen Krieg um Kuba anno 1898 schenkte er seinem Vaterland eine komplette Batterie mitsamt den Kanonieren und sich selbst als Chef – wofür die Armee ihm den Titel «Colonel» verlieh, den er sich stolz anheftete. Einmal war er sogar in ein Gefecht verwickelt, und dann wurde er in Ehren entlassen, weil er sich durch Schlafen auf feuchtem Gras ein Fieber zugezogen hatte.

Der Titel, der Ruhm, die Milliarden – nichts zählt jetzt mehr. Seine Frau und ihr Kind werden leben. Aber er, weiß er nun, 13 Minuten vor dem Untergang, dass es zu Ende geht? Wissen es all die hastenden, sich bergauf drängelnden, sich anklammernden, Gebete murmelnden Menschen? Was müssen sie empfunden haben?

Wenig, erzählt der 17-jährige Passagier Jack Thayer. «Ich sah mich selbst wie aus weiter Ferne und hatte nur ein Ziel: weg von den vielen Menschen und weg vom Sog, wenn die Titanic untergeht.»

Fast nichts haben sie empfunden, behauptet neun Tage nach der Katastrophe der bekannte französische Feuilletonist Émile Chartier, der sich Alain nennt: Zwar war er nicht an Bord, doch was er sagt, ist überzeugend. «Jetzt rollt das Drama vor einem Zuschauer ab, der alles weiß und den Todeskampf Minute für Minute auskostet», schreibt er. «Das Ereignis selbst kennt diesen Zuschauer nicht. Es gibt gar kein Drama, nur eine Reihe unerwarteter, schlecht verbundener und nicht näher gedeuteter Eindrücke; vor allem aber Handlungen, die jeden Gedanken ertrinken lassen – einen Schiffbruch der Gedanken sozusagen. Die dabei umgekommen sind, haben nichts empfunden.»

Doch gerade dieser letzte Satz ist leider falsch.

2.10 Uhr – noch 10 Minuten Leben. Kaum ist Phillips in den Funkraum zurückgekehrt, da fällt ein Heizer über ihn her, um ihm die Schwimmweste zu entwinden. Bride, der Zweite Funker, stürzt herbei, und gemeinsam schlagen sie den Heizer zusammen. «Ich bedaure, sagen zu müssen», berichtet Bride den amerikanischen Senatoren, «dass wir zu schnell aus der Kabine rannten, um den Mann mitzunehmen, und ohne Zweifel ist er im Funkraum ertrunken.»

«Nichts wie raus!», ruft Phillips, und dies vor allem deshalb, weil es draußen «ziemlich komisch» aussieht: Schon leckt der Atlantik an der Kommandobrücke im 7. Stock, auf dem Dach rennen Hunderte hin und her, andere durchstöbern die Offizierskabinen nach Schwimmwesten, Essvorräten und Schnaps. Bride tickt das allerletzte SOS und läuft dann Phillips nach.

Der Zweite Offizier Lightoller erkennt den Matrosen Samuel Hemming, dem er vor 70 Minuten befohlen hat, mit ins vierte Boot zu steigen. «Warum sind Sie noch hier, Hemming?», fragt der Offizier. «Oh, noch viel Zeit, Sir!», ruft der zurück – «fröhlich», wie Lightoller versichert. Vergeblich hat Hemming versucht, eines der beiden Boote freizubekommen, die die Mannschaft nicht mehr hat zu Wasser lassen können.

Nun lässt sich der Matrose an einem der Seile, die leer von den Davits hängen, hinab und schwimmt ohne Rettungsweste auf ein Boot zu, das knapp 200 Meter entfernt ist. «Die Kälte war schon schlimm», berichtet er, «vor allem an Händen und Füßen.» Das Boot – Mrs. Astor sitzt darin – fischt ihn auf.

2.12 Uhr: noch 8 Minuten. Die Tragödie holt aus zu ihrem schrecklichen Schluss. Die Titanic, bisher gesunken mit der Langsamkeit eines Uhrzeigers, wird plötzlich wie von einem Stoß getroffen, zittert und beginnt mit einer aberwitzigen Drehbewegung: Um eine unsichtbare Achse vor dem hinteren Viertel des Rumpfes schwenkt das Vorderschiff in die Tiefe und hebt das Heck aus dem Meer – etwa sechs Minuten lang, «anscheinend ohne Eile», wie Jack Thayer schreibt, doch unerbittlich von mäßiger Schrägung bis zum Kopfstand total.

Das Rucken im Schiffskörper hat eine Welle erzeugt, die erste in dieser unglaublich stillen Nacht – sie schlägt gegen die Kommandobrücke vorn im 7. Stock und noch ein Stück weiter das Bootsdeck hinauf und schwemmt ein paar Dutzend Menschen ins Wasser, Kinder, Betrunkene, aber auch nüchterne Erwachsene, wenn sie gerade unglücklich standen oder von der Woge gegen einen Deckaufbau geschleudert und dadurch bewusstlos geworden sind.

William Murdoch trifft es, den Ersten Offizier, der vor zweieinhalb Stunden in der Unglücksminute die falschen Kommandos gegeben hat, und niemand sieht ihn wieder; den Zweiten Funker Bride trifft es, er sitzt gerade in einem der beiden Rettungsboote, die die Mannschaft nicht mehr hatte freibekommen können, doch nun wird es ebenfalls über Bord gespült, kieloben, der Funker im Hohlraum darunter; August Weikman trifft es, einen der Frisöre an Bord: Kaum im Wasser, fällt ihm auch noch ein Tau auf den Kopf, doch er strampelt sich frei und erreicht ein Bündel Klappstühle, auf das er klettern kann; der Schiffsbäckermeister hat sie vorsorglich zu Dutzenden über Bord geworfen.

Viel schlimmer als die Welle wirkt die dramatische Veränderung des Neigungswinkels. Da schreien nun zum ersten Mal viele Menschen auf, weil sie rutschen und nichts finden, um sich daran festzuhalten – darunter noch ein letzter Pulk von Zwischendeck-Passagieren, der gerade in diesem Augenblick aus dem Treppenhaus quillt. Taue schlittern, Fässer poltern. Der Pfarrer Thomas Byles, Passagier der zweiten Klasse, betet laut zum Himmel und ermahnt die Passagiere, die ihn umdrängen, ihre Sünden zu bereuen. Viele knien betend nieder, manche fallen dabei um. Großer Gott, es scheint tatsächlich, als würde die Titanic untergehen!

Das ist auch der berühmte Augenblick, da Wallace Hartley und seine sieben Musiker ihren letzten Auftritt haben – nur welchen, ist nicht klar. Die einen sagen, Hartley habe kurz vor dem Ende an seine Geige geklopft und den Choral «Näher, mein Gott, zu dir» intoniert, mit den Zeilen:

Still all my song shall be
Nearer, my God, to Thee,
Nearer to Thee.

Andere Überlebende berichten, dies sei eine fromme Legende – in Wahrheit habe die Kapelle «Autumn» gespielt. Nur sind es zwei ganz verschiedene Stücke, die diesen Titel haben: das eine ebenfalls ein Choral, worin eine der Bitten an den «Gott des Erbarmens» lautet: «Hold me up in mighty waters» – Stütze mich in übermächtigen Gewässern!

Denselben Namen «Autumn» trägt jedoch ein Walzer, der

1912 in London so populär war wie später der Sportpalast-Walzer in Berlin, etwas zum Mitpfeifen also – und es ist die fröhliche Melodie, die alle Wahrscheinlichkeit für sich hat: Denn der Auftrag an die acht Musiker lautet ja, Panik verhindern zu helfen, und dem folgen sie bis in den Tod.

Jedenfalls: In den Booten schluchzen viele auf, wozu der Walzer in dieser Minute kaum weniger Anlass gibt als der Choral – während sich vor ihren entsetzten Augen das 101 Tonnen schwere Ruder und die drei mehr als sieben Meter großen Schrauben der Titanic immer höher aus dem Wasser heben.

Am schlimmsten aber trifft die Schwenkung des Schiffs, auf die Senkrechte zu, die Hunderte, die in seinem Innern geblieben sind. Dafür gibt es keine Zeugen, aber es ist ja unabweisbar, was ihnen widerfahren sein muss: Die Letzten wachen jetzt überhaupt erst auf, weil sie aus den Betten fallen, und zugleich mit den anderen, die sich verlaufen haben oder im hintersten Winkel einer Sackgasse hängen oder einfach nicht glauben wollten, dass ihnen etwas passieren könnte im Zentrum von so viel Perfektion – zugleich mit all diesen packt sie die Todesangst, und ein unendlicher Schrei hallt durch die kilometerlangen Korridore.

Da wird der Fußboden langsam zur Seitenwand, da stürzen Möbel, Kübel, Schüsseln auf die Köpfe, da strampeln Männer, Frauen, Kinder bergauf auf der Flucht vor dem steigenden Meer, und Hunderte müssen, bevor sie ertrinken, das Wasser minutenlang haben kommen sehen – bis zu den Hüften, bis zu den Schultern, nun bis zum Mund, und kein Zentimeter ist mehr Platz zwischen ihren Köpfen und der Wand, die zur Decke geworden ist, und das letzte Röcheln und Gurgeln beginnt.

«Die Würgeszene fing jetzt an, für welche die Geschichte keine Sprache und die Dichtkunst keinen Pinsel hat. Nicht die schuldfreie Kindheit, nicht das hilflose Alter, nicht Jugend, nicht Geschlecht, nicht Stand können die Wut des Siegers entwaffnen.» Der Sieger, das ist hier der Ozean; die Sätze sind von Schiller. So leitet er in seiner «Geschichte des Dreißigjährigen Krieges» die Plünderung Magdeburgs durch die kaiserlichen Truppen ein, und so weit die beiden Ereignisse auseinanderliegen – gemeinsam ist ihnen, dass da unsäglich gelitten worden ist, und dass keiner da war, der es beschrieben hätte.

2.15 Uhr, noch 5 Minuten. Die Kommandobrücke der Titanic taucht in den Atlantik ein. Die große Drehung hat die Decks fast 45 Grad steil gemacht. Stehen kann niemand mehr, auch nicht mehr aufwärtskriechen, sondern sich bestenfalls bäuchlings auf den Planken halten, falls ihm nicht einer der ehemals senkrechten Deckaufbauten Rückhalt gibt. «Wir waren eine hoffnungslose, benommene Masse Mensch», erzählt der 17-jährige Jack Thayer, «die nur noch, nach dem Gesetz des Allmächtigen und der Natur, versuchte, den letzten Atemzug bis zum letzten möglichen Augenblick hinauszuschieben.»

An die Tausend müssen es sein, die sich ans Heck der Titanic klammern, das, von den sterbenden Lichtmaschinen noch immer rötlich beleuchtet, höher und höher aus dem Atlantik steigt, 50 Grad, 60 Grad steil. Zu Dutzenden stürzen sie aus diesem Knäuel ab, reißen andere mit und klatschen ins Meer. Zwei Grad unter null hat das Wasser.

Wer wann fällt, ist meist nicht bezeugt. Dass die acht Musiker schon im Eiswasser treiben, darf man vermuten, denn sie hatten keine Zeit, sich einen Halt zu suchen; auch der alte Isidor Straus aus Otterberg bei Kaiserslautern, einst Freund und Ratgeber des amerikanischen Präsidenten Grover Cleveland und nach heutigem Geld Milliardär; man kann sicher sein, dass seine Frau, die nicht von ihm weichen wollte, ihn eng umschlungen hält, noch beim Sturz und bis in den Tod.

«Im Leben waren sie nie getrennt, und der Tod hat sie nicht geschieden», schreibt der amerikanische Schriftsteller Elbert Hubbard, der drei Jahre später auf der «Lusitania» untergeht, und mit dem schönen Pathos von 1912 fügt er hinzu: «Ihr wusstet, wie man drei große Dinge tut – wie man lebt, wie man liebt, wie man stirbt.»

Auch Captain Smith muss um diese Zeit ins Wasser gestürzt und darin erfroren sein, falls er nicht von einem Stück Titanic erschlagen wird wie so viele. Dass er sich erschossen habe, ist Legende; ebenso sein angeblich letzter Ruf aus jenem Megaphon, mit dem er die Rettungsmanöver dirigieren half: «Be British!»

Wie britisch war er selbst? Ist es «britisch», mit Anstand in einen Tod zu gehen, in den man nicht hätte gehen müssen? In der Nähe seiner Heimatstadt steht ein Denkmal für diesen unseligen Edward J. Smith, den höchstbezahlten Kapitän auf allen Meeren, und in so vielen Filmrollen ist er auferstanden wie nur noch Captain Bligh von der «Bounty».

Einige an Bord, die Klügsten und Wagemutigsten, lassen es nicht auf den Absturz ankommen: Sie springen. «Es wurde mir völlig klar, dass es verhängnisvoll wäre, einer von diesen Hunderten und Aberhunderten zu sein, die in wenigen Minuten in dem tödlich kalten Wasser um ihr Leben kämpfen würden», erzählt der Zweite Offizier Lightoller. So springt er kopfüber, und sofort fällt ihn die Kälte «wie mit tausend Messern» an.

Vor ihm ragt gerade noch der Ausguck aus dem Meer, der einmal 50 Meter darüber war, damals, vor 156 Minuten, als der Matrose Fleet den Eisberg sichtete und das Palasthotel aus seinen Träumen riss; und über ihm türmt sich das Heck wie ein Berg, der gleich zusammenstürzen wird.

Kaum hat sich Lightoller von dem ersten Entsetzen über die Kälte erholt, da wird er von einem Luftschacht der Titanic angesogen, der 30 Meter tief zum dritten Kesselraum hinabführt: Das Wasser schießt hinein, ein Drahtnetz schließt ihn ab, und Lightoller versucht vergeblich, sich von dem Druck zu befreien, der ihn an die Drähte presst, während der Luftschacht langsam untertaucht.

In den Rettungsbooten redet fast keiner mehr. Manche Matrosen legen die Ruder ab; sie gaffen nur noch auf den Turm mit den drei Schrauben, der da schrecklich aus dem Wasser wächst, immer noch mit hundert Lichtern. Viele Frauen wenden sich ab, verhüllen ihr Gesicht oder verbergen es an der Schulter der Nachbarin. Im Boot des jungen englischen Wissenschaftlers Lawrence Beesley, das vor einer Dreiviertelstunde abgefiert wurde, sagt einer: «Wenn die Titanic nun wirklich sinken sollte, so haben doch glücklicherweise alle an Bord reichlich Zeit gehabt, sich in Sicherheit zu bringen», und viele nicken dazu.

2.18 Uhr, noch 2 Minuten. Das Hinterschiff hat nahezu die Senkrechte erreicht, an die 60 Meter hoch ragt es den Sternen entgegen, und von den vielen hundert Menschen, die sich aufs Heck gerettet, an die Reling geklammert, in die Taue der Davits gekrallt haben, stürzen Hunderte in schreienden Bündeln in die Tiefe – viele sofort tot, weil nach einem solchen Fall das Wasser ihnen wie ein Stein entgegenschlägt (man denke an die Selbstmörder, die seit 1937 von der Golden Gate Bridge springen, also aus ähnlicher Höhe) oder weil sie sich den Schädel auf einem anderen Passagier einschlagen, ob der noch lebt oder selbst schon tot ist.

Andere halten sich noch immer, weil sie sich zum höchsten Punkt haben emporarbeiten können, beim Flaggenstock,

60 Meter über dem Meer, höher, als je ein Schiffsmast aus dem Wasser ragte. Wir wissen nicht, wie sie geweint, gebetet, gestöhnt oder gewimmert haben da oben, denn von ihnen hat keiner überlebt.

Und hätten sie auch gebrüllt wie hundert Stiere: Unten oder in den Booten hätte keiner es gehört. Denn im Rumpf der Titanic bricht jetzt, 2.18 Uhr, ein ungeheures Getöse los, ein Krachen, Rasseln und Schmettern, in mehreren Wellen 20 Sekunden lang: Tausende von Tonnen Eisen und Stahl, die 29 Kessel von je fünf Metern Durchmesser mit ihren 159 Feuerungen, die 118 Tonnen schweren Kurbelwellen, die riesigen Kolben, Pleuelstangen und Zylinder, die Niederdruckturbine, die allein 420 Tonnen wiegt – all das fest vernietet auf schweren stählernen Platten und jedem Seegang gewachsen: Für diesen Schwenk ins Lotrechte ist es nicht ausgelegt, und so donnern die Eisenmassen durch den ganzen Schiffsrumpf und zerschmettern alle Schotten und vielleicht auch den Bug, sodass sie vor dem Rest der Titanic auf dem Grund des Atlantiks angekommen sein könnten.

Der Schwall heißer Luft, der bei diesem Ungewitter aus dem Schiffsleib schießt, rettet Charles Lightoller, der bis dahin an das Schutzgitter des Luftschachts gesogen und unter Wasser gedrückt worden ist: Er bläst den Zweiten Offizier an die Oberfläche, und mit letzter Kraft ereicht er jenes Boot, das kieloben treibt.

Doch da gibt es noch ein Stück Titanic, das die Verwandlung des Schiffs in einen Kirchturm nicht erträgt: Von einem der vier Schornsteine reißen die Halterungen, 46 Meter hoch ragt er über die Feuerung, 24 Meter hoch übers Bootsdeck auf, und dieses 24 Meter lange Ungetüm, selbst an der Schmalseite des Ovals 5,80 Meter dick, mehr ein Tunnel also als ein Rauchabzug, 816 Kubikmeter groß wie ein stattliches Einfamilienhaus, nur von Ruß überzogen: So platscht es mit stiebenden Funken und einem letzten Qualmen ins Meer, lässt eine Gischtwolke aufspritzen, treibt mit seiner Welle das Boot des Zweiten Offiziers 30 Meter weit von der Titanic weg und zerquetscht all die Dutzende von Menschen, die unter ihm paddeln – darunter Colonel John Jacob Astor, den Erfinder der Astor'schen Fahrradbremse und reichsten Mann Amerikas.

Um 2.18 Uhr, mit dem Sturz von Kesseln und Maschinen, erlöschen auch die Lichter, die bis dahin die Katastrophe erleuchtet haben: ein Flackern – ein letztes Aufblitzen – und dann Finsternis. Nur eine grüne Petroleumlampe blinzelt noch vom Heck herunter; Lord Ismay, der Reeder, sieht sie vom Boot aus, als er ein einziges Mal einen Blick auf sein Schiff riskiert; sonst kehrt er ihm starr den Rücken zu.

2.19 Uhr. Eine Minute noch. Regungslos ragt der Riesen-Obelisk 60 Meter hoch aus dem Atlantik, eine bloße Silhouette vor den funkelnden Sternen. Der Rumpf hält das aus, drei Millionen Nieten stecken ja in ihm, 1200 Tonnen wiegen sie zusammen, bis zu drei Zentimeter sind sie dick, und natürlich ist das größte Schiff der Erde ein gutes Stück britischer Wertarbeit.

«Erst stellte die Titanic sich so steil ins Wasser, als ob sie kopfüber tauchen wollte», berichtet der Steward Etches später, «aber dann überlegte sie sich's noch mal und blieb ein Weilchen stehen ...» Ein letztes Auftrumpfen der «Unsinkbarkeit», ein vergängliches Denkmal ihrer selbst, wahrlich ein Titan der Meere.

In die Stille dieser bizarren zwei Minuten dringt kein Schrei. Die Hunderte auf dem Heck scheinen schreckensstarr geworden, und falls sie beten oder weinen, hört man es in den Booten nicht. Viele von denen da oben bei der Petroleum-Funzel sind gewiss benebelt von dem Whisky, den sie in sich hineingeschüttet haben; manches Paar verharrt mit hämmerndem Herzen in einer letzten Umarmung. Und wenn einer der vielen Filme zeigt, wie ein alter Mann ein wildfremdes Kind an sich presst, so wird das kaum gelogen sein, ausnahmsweise.

Eine Minute noch, bis die Titanic untertaucht. Elf Minuten, bis sie auf dem Grund aufschlägt. Was in dieser Zeit in ihr, vor allem aber über ihr geschieht, an der Oberfläche – das ist so grässlich und so widerlich, dass die meisten Überlebenden gar nicht und die anderen nur stockend davon berichten.

the News That's
Fit to Print."

The New York Times.

NEW YORK, TUESDAY, APRIL 16, 1912.—TWENTY-FOUR PAGES,

ONE CENT

Unsett...
fair, c...
win...
ET..

TANIC SINKS FOUR HOURS AFTER HITTING ICEB
6 RESCUED BY CARPATHIA, PROBABLY 1250 P
MAY SAFE, MRS. ASTOR MAYBE, NOTED NAMES

r and Bride,
aus and Wife,
Butt Aboard.

SEA" FOLLOWED

Children Put Over
and Are Supposed
on Carpathia.

AFTER 8 HOURS

Calls at White Star
ws of His Father
ves Weeping.

OPEFUL ALL DAY

the Line Insisted
Unsinkable Even
ad Gone Down.

E LINE ABOARD

Making First Trip on
p That Was to
All Others.

that the Titanic, the
p in the world, had
iceberg and had gone
the Atlantic, probably
an 1,800 of her pas-
r with her, was made
tar Line offices, 9
0 o'clock last night.
anklin, Vice President
ager of the Interna-
Marine, conceded that
hose passengers who
by the Cunarder Car-
saved. Advices re-
morning tended to
mber of survivors by

followed a day in
Star Line officials
olic in the extreme. At
admission made that
the huge steamer was
ip itself, it was confi-
was unsinkable, and
formed that she would
her own steam prob-
with the help of the
Olympic, which was re-
her.

sed, however, with no
orts from the Titanic
ip which were known
d to her wireless call
he apparent that no
 the disaster probably
from the Titanic's sis-
rempic. The wireless
ple is 500 miles. That
the Parisian, and the
ot less, and as they
m of the Titanic they
further out of shore
Titanic's position at
leaster it is doubtful
a except the Olympic
communication with

8:30 A. M. Monday,
tar offices the hope
hay that the Parisian
had taken off some
sengers, and efforts
into communication
Until such commun-
tablished the White
aeed to recognize the
ers were some of the
s aboard them.
I came the message
k of the Olympic to
oadhead, telling of
of the Titanic and of
of her passengers by
rpathia, which, the
aid, reached the port
e at daybreak. All
however, was hin-
The biggest ship
sunk at 2.20 o'clock

mitted ails last night
and the Virginian,
among the first to
ide's calls for help,
hed the scene before
fer morning, seven
after the big Titanic
neath the waves and
out of sight. The
wireless dispatch

The Lost Titanic Being Towed Out of Belfast Harbor.

CAPT. E. J. SMITH,
Commander of the Titanic.

hours before the expected arrival of
the Virginian and the Parisian.
1,468 Lives Lost First Report.

It is unbelievable, the White Star Line
officials were compelled to concede
finally, that the Carpathia should have
failed to pick up every lifeboat which
still floated on the waves. If they
failed to pick up more than 655 passengers, it was because the others of the
ship's complement had gone with her
to the bottom.

But it was not until nearly night-
fall that the extent of the disaster
was realized. Before the reas-
suring nature of the bulletins issued
by the White Star line was sufficient
to quiet the fears of the wives and
relatives or friends aboard the un-
fortunate ship and to prevent wide-
spread belief in a serious disaster.

Capt. Haddock's message from the
Olympic, which is printed in another
column of THE TIMES, strongly in-
dicated that none but the 655 taken
from life boats by the Carpathia had
been saved. This message was re-

layed immediately to the White Star
offices, but Mr. Franklin positively
declined to make the text of the message public. He offered still the hope
that passengers were aboard the Parisian and the Virginian, and even
when the admission was wrung from
him that there existed little hope of
the saving of any others than the
655 aboard the Carpathia, he clung to
the hope that in some unexplained
way there were other passengers
aboard the the Allan liners.

First Reported Titanic in Tow.

THE PROBABLE LOSS.
Number Aboard.

First cabin	330
Second cabin	320
Steerage	750
Crew, (estimated)	900
Total	2,100
Saved.	
By the Carpathia	866
Probably drowned	1,284

and when Capt. Haddock's messa...
proved this to be untrue only the s...
mission was made at the White St...
offices that the Titanic had gone d...
Franklin said that Capt. Haddock...
message was brief and "neglected...
say that all the crew had been save...
But the inference was not that all t...
passengers had been saved. Rath...
it was that many of them had di...
and presently Mr. Franklin admit...
the fear that there had been a terri...
loss of life on the Titanic.

This version of Capt. Hadd...
a wireless message to the White St...
offices here that the steamer Titan...
sank at 2.20 a. m. After all the pa...
sengers and crew had been lowered...
life boats and transferred to the Vi...
ginian. The steamship Carpathia, wi...

PARTIAL LIST OF THE SAVED.

Includes Bruce Ismay, Mrs. Widener, Mrs. H. B. Harris, and an Incomplete name, suggesting Mrs. Astor's.

Special to The New York Times.

CAPE RACE, N. F., Tuesday, April 16—Following is a partial list of survivors among the first-
class passengers of the Titanic, received by the Marconi wireless station this morning from the Carpathia, via the steamship Olympic:

Mrs. JACOB P. —— and maid.
Mr. HARRY ANDERSON.
Mr. ED W. APPLETON.
Mrs. ROSE ABBOTT.
Miss G. M. BURNS.
Miss D. D. CASSEBEER.
Mrs. WM. M. CLARKE.
Mrs. B. CHIBNALL.
Mr. E. G. CROMBIE.
Miss E. ROEBLIE.
Miss JEAN HIPACK.
Mrs. H. T. B. HARRIS.
Mrs. ALEX. HALVERSON.
Miss MARGARET HAYS.
Mr. BRUCE ISMAY.
Mr. and Mrs. ED. KIMBERLEY.
Mr. F. A. KENNYMAN.
Miss EMILE KENCPEN.
Miss G. F. LONGLEY.
Mrs. A. F. LEADER.
Miss BERTHA LAVOHY.
Mr. ERNEST LIVES.
Miss MARY CLINES.
Miss SINGRID LINDSTROM.
Mr. GUSTAVE J. LESNEUR.
Miss GEORGETTA A. MADILL.
Miss MELICARD.
Mrs. TUCKER and maid.
Mr. J. B. THAYER.
Mr. J. B. THAYER, Jr.
Mr. HENRY WOOLNER.
Miss ANNA WARD.
Mr. RICHARD M. WILLIAMS.
Mr. F. M. WARNER.
Mrs. HELEN A. WILSON.
Miss WILLARD.
Miss MARY WICKE.
Mr. GEO. D. WIDENER and maid.
Mr. J. STEWART WHITE.
Miss MARIE YOUNG.
Mr. THOMAS POTTER, Jr.
Mr. EDNA S. ROBERTS.
Countess of ROTHES.

Mrs. SUSAN P. ROGERSON. (Prob-
ably Ryerson).
Miss EMILY B. ROGERSON.
Mrs. ARTHUR ROGERSON.
Master ALLISON and nurse.
Miss K. T. ANDREWS.
Miss NINETTE PANHART.
Miss E. W. ALLEN.
Mr. and Mrs. D. BISHOP.
Mr. H. BLANK.
Miss A. BASSINA.
Mrs. JAMES BAXTER.
Mr. GEORGE A. BATT...
Miss C. BONNELL.
Mr. J. M. BROWN.
Miss G. C. BOWEN.
Mr. and Mrs. R. L. BECKW...
Miss RUTH TAUSSIG.
Miss ELLA THOR.
Mr. and Mrs. E. C. TAYLOR.
GILBERT M. TUCKER.
Mr. J. B. THAYER.
Mr. JOHN B. ROGERSON.
Mrs. M. ROTHSCHILD.
Miss MADELEINE NEWELL.
Miss MARJORIE NEWELL.
HELEN W. NEWSOM.
Mr. PIENHAD OMOND.

Mrs. WILLIAM BUCKNELL.
Mrs. O. H. BAREWORTH.
Mrs. H. B. STEFFASON.
Mrs. ELSIE ZOWERMAN.

The Marconi station reports that it
missed the word after " Mrs. Jacob P."
In a list received by the Associated
Press this morning this name appeared
well down, but in THE TIMES list, it is
first, suggesting that the name of Mrs.
John Jacob Astor is intended. This sup-
position is strengthened by the fact
that, except for Mrs. H. J. Allison, Mrs.
Astor is the only lady in the "A" column of the ship's passenger list attended
by a maid.

NAMES PICKED UP AT BOSTON.

BOSTON, April 15—Among the
names of survivors of the Titanic picked
up by wireless from the steamer Carpathia here to-night were the following:

Mr. and Mrs. I. HENRY.
Mrs. W. A. HOOPER.
Mr. MILE.
Mr. J. FLYNN.
Miss ALICE FORTUNE.

Am 16. April erscheint die New York Times mit der Schlagzeile: «Titanic sinkt vier Stunden nach Zusammenprall mit Eisberg» (es waren knapp drei), «866 von der ‹Carpathia› gerettet» (es waren nur 703), «wahrscheinlich 1250 umgekommen» (es waren 1490), «Ismay sicher, Mrs. Astor vielleicht, Prominente vermisst».

	Date. 1912	Place.	Christian Name and Surname of deceased.	Sex and Age.	
✓ 1	April 15th	about	Mr H. J. Allison	m	
✓ 2	do.	41-16 Lat.	Mrs H. J. Allison	f.	
✓ 3	do.	50-14 Long	Miss Allison	f.	
✓ 4	do	do.	Mr Thomas Andrews	m	
✓ 5	do.	do	Mr Ramon Artagaveytia	m	
✓	do	do	Mr J J Astor (Col. in American Army)	m	
✓ 7	do.	do	Mr J. Baumann	m	
✓ 8	do.	do	Mr Quigg Baxter	m	
9	do	do	Mr T. Beattie	m	
✓ 10	do.	do	Mr Stephen Weart Blackwell	m	
✓ 11	do.	do.	Mr J J Borebank	m	
✓ 12	do	do	Mr John B. Brady	m	
✓ 13	do	do	Mr E. Brandeis	m	
✓ 14	do	do.	Mr Arthur Jackson Brewe	m	
✓ 15	do.	do.	Mr Archibald W. (Major in American Army) Butt	m	
✗ 16	do	do	Mr Frank Carlson	m	
✓ 17	do	do	Mr F. M. Carran	m	
✓ 18	do	do	Mr J. P. Carran	m	19

Under the heading "Cause of Death" should be entered
If a fatal accident occurs at or about the time of any inj
If a death occurs in port it should be stated whether it o
If a seaman dies on shore from an accident which happe
    death should be made in the same way.
As regards the account of wages and effects on form W.

Ein Blatt aus der langen Liste mit den 1490 Toten der Titanic – hier Passagiere der ersten Klasse. Die Todesursache «drowned» (ertrunken) war in der Mehrzahl vermutlich falsch: Die meisten sind im Eiswasser erfroren, in ihren Korkschwimmwesten treibend.

...ession or ...tion.	Nationality (Stating Birthplace).	Last place of Abode.		Cause of Death. See footnotes.
				Drowned
		152 Abbey Rd. West Hampstead London N.W.		"
				"
...der	Irish	Hartland & Wolff Belfast		"
		26 Rue Pasquier Paris		"
	U.S.C	Hotel Ritz Paris		"
	U.S.C.	Grand Hotel —"—		"
	U.S.C.	Elysee Palace Hotel Paris		"
	U.S.C.	Hotel Majestic, Nice		"
				"
Passengers.				"
	Eng.			"
		Elysee Palace Hotel Paris		"
				"
	U.S.C.			"
				"
	U.S.C.			"
	U.S.C			"
				"
	U.S.C.			"

...s the space will allow, the chief circumstances attending the death.
...ship, or to any part of it, or to the cargo, the fact should be stated.
...board or in hospital.
...sease which developed while he was a member of the crew, it is desirable that an en...
...e note on the first page of this form.

2.20 BIS 2.30 UHR
CHORÄLE GEGEN TODESSCHREIE

2.20 Uhr, 15. April 1912. Das Ungeheure geschieht, woran noch vor einer halben Stunde kaum ein Passagier geglaubt hat und was noch tagelang die Weltöffentlichkeit nicht glauben will: Mehr als 60 000 Tonnen Wasser haben sich in die 60 000 Tonnen Stahl ergossen und zerren die Königin der Ozeane, das größte Schiff der Erde, das bis dahin gewaltigste technische Produkt der Geschichte in die Tiefe.

Aus der Lotrechten, in der die Titanic zwei atemlose Minuten verharrt, senkt sich das 60 Meter hohe Hinterschiff auf einen Winkel von etwa 70 Grad. Für einen Teil der Menschentraube auf dem Heck bedeutet das den Tod: für die nämlich, die über den Flaggenstock hinweg dem Ruder entgegengeklettert waren und sich gerade noch auf einer Schrägung halten konnten, die nun zu steil wird; sie knallen aufs Wasser nach ihrem 60-Meter-Sturz wie auf einen Felsen.

Die Titanic aber gleitet, schlüpft ins Meer hinab, mit rasch zunehmender Geschwindigkeit, sodass den Hunderten auf dem Heck das schwarze Verhängnis immer schneller entgegenfährt.

Da wird es letzte Stoßgebete gegeben haben, Bekreuzigungen, Schreie, schreckensstarr aufgerissene oder krampfhaft zugekniffene Augen – und gewiss viele jener rasend abgespulten Filme, mit denen Sterbende die wirre, aber tröstliche Bilanz ihres Lebens ziehen.

Die einen, die sich an die Deckaufbauten oder an die Davits klammern, streift das Meer Meter um Meter ab; andere versuchen noch einen Sprung, sobald das Wasser nahe ist. Die letzten auf dem Heck aber lässt die Titanic einfach oben, als der Atlantik seine gewaltige Beute mit überraschend leisem Gurgeln und Schmatzen verspeist.

Kaum ein Sog, kein Getöse, zunächst nicht einmal Geschrei – nur ein schwaches Grollen aus der Tiefe; eine sanfte Welle, die sich ringförmig ausbreitet und die Lebenden und die Toten schaukelt; darüber ein Pilz aus Rauch oder aus Dunst (da widersprechen sich die Zeugen).

«Es ist 2.20 Uhr», sagt in Boot 5 der Dritte Offizier Pitman lakonisch. Auf dem kieloben treibenden Rettungsboot seufzt einer: «She's gone.» In Boot 13 registrieren die Passagiere Dodge und Beesley «ein Gefühl großer Einsamkeit». Einer sagt: «Das ist nicht zum Lachen. Wir können hier tagelang herumtreiben, bis uns jemand auffischt.» In Boot 3 ruft ein Heizer: «Sie ist gesunken, Freunde – rudert wie die Teufel, oder wir werden eine höllische Welle kriegen!» Und eine Zofe soll ihrer Lady – eine der berühmten Anekdoten – zugerufen haben: «Da geht es hin, Ihr schönes Nachthemd mit den Brüsseler Spitzen!»

2.21 Uhr. Die Welle kommt nicht, und noch immer ist es merkwürdig still an der Unglücksstätte. Nur in den nächsten Booten hören sie das platschende Geräusch, mit dem Kisten, Stühle, Planken, Schubladen, Türen, Täfelungen und Korkbrocken aus dem Wasser schnellen. «Ich kann gar nicht verstehen, wo der ganze Kork herkam», berichtet der Passagier Major Peuchen den amerikanischen Senatoren.

Im Leib der Titanic, schon weit unter der Meeresoberfläche, schießt das Wasser durch die Gänge, Säle und Kabinen des Hinterschiffs, durch Plüsch, Damast, Kristall und Mahagoni, und die noch Lebenden, die es trifft, ertrinken nicht, sie werden von seinem gewaltigen Druck erschlagen.

Die drei restlichen Schornsteine halten der Unterwasserfahrt nicht stand: Die Ungetüme reißen eines nach dem anderen ab und taumeln allein dem Meeresgrund entgegen.

2.22 Uhr. Im Hinterschiff der Titanic ereignet sich eine ungeheure Implosion: Eine Luftblase, die sich tief in seinem Innern gehalten hat, zerplatzt unter dem Wasserdruck von 30 Atmosphären, die Schiffswände werden eingedrückt, das Heck reißt zwischen den leeren Höhlen des dritten und des vierten Schornsteins ab und torkelt allein in die Tiefe.

Erst jetzt kommen die letzten der Fünfhundert um, denen das Schiff zum Sarg wird: Denn als das Heck sich vor zehn Minuten aus dem Wasser zu heben begann, gewährte es ja vielen eingeschlossenen Passagieren noch eine Galgenfrist.

Nun, da alle Luft aus dem Wrack entwichen ist, sind die 60 000 Tonnen Stahl achtmal so schwer wie Wasser geworden und rauschen an die 400 Meter pro Minute in die Tiefe, so schnell wie heute die Express-Fahrstühle in amerikanischen Wolkenkratzern.

Dort, wo die Titanic versunken ist, drängeln sich im Eiswasser Hunderte von Überlebenden keuchend zwischen Toten und Trümmern; viele treten sich auch und kämpfen miteinander. «Ein Mann krallte sich in meinen Nacken und drückte mich hinab – offenbar wollte er auf mich klettern!», erzählt der norwegische Zwischendeck-Passagier Olaus Abelseth. Da die Schwimmweste jeden mühelos über Wasser hält, kann der Kletterer nur in Panik gehandelt haben – oder in dem verzweifelten Versuch, sich mit Hilfe eines menschlichen Floßes aus der mörderischen Kälte zu befreien.

Wenn im Januar ein paar Athleten das Eis der Moskwa aufhacken, dann tauchen sie für eine Minute in ein Wasser, das mit Sicherheit mehr als null Grad hat, weil es sonst ebenfalls Eis wäre. Das Salzwasser des Atlantiks aber misst in jener Nacht zwei Grad unter null, und die noch Lebenden paddeln und strampeln fünf Minuten, zehn Minuten, dreißig Minuten, die Letzten eine Stunde lang – bis sie erfroren sind. Die anderen sind zerschmettert: durch den stürzenden Schornstein, der auch den Colonel Astor erschlug, durch die Härte des Wassers nach einem 60-Meter-Sturz oder durch den Aufprall eines Stürzenden auf einen Schwimmenden. Ertrunken ist außerhalb der Titanic fast keiner.

Aus diesem Knäuel der Toten und der Todgeweihten steigen mit einer merkwürdigen Verzögerung die ersten Schreie auf: «Hilfe! Boot ahoi! Mein Gott!» Eine oder zwei Minuten nach dem Verschwinden der Titanic war es zunächst gespenstisch still geblieben. Und langsam nur addiert sich das Rufen und Jammern der Einzelnen zu einem langgezogenen Schrei der Hunderte, der weit durch die Sternennacht hallt und vielen der Geretteten in den Booten das Blut gefrieren lässt – «die grässlichsten Laute, die je ein Sterblicher vernommen hat», berichtet Colonel Gracie, der Historiker aus Washington.

Der Zeitpunkt dieses Todesschreis ist ein Rätsel. Denn warum erhebt er sich erst jetzt – da doch die Titanic vor zwei Minuten versunken ist und auch schon lange vorher Hunderte von Weggeschwemmten oder Abgestürzten mit dem Eiswasser rangen? Keiner hat es erklärt. Man kann nur vermuten, dass die Messerstiche der Kälte noch nicht die totale Verzweiflung hervorriefen; die ist erst komplett, als die langsam Erfrierenden erkennen müssen: Die Titanic ist nicht mehr, und die Boote sind winzig und weit.

Für die Passagiere in den Booten ist das Gebrüll ein doppeltes, ein schreckliches Signal. Erst durch diesen Massenaufschrei erfahren ja die meisten, dass offenbar doch nicht alle von der Titanic haben gerettet werden können, entgegen einer Erwartung, der sie sich arglos und nur allzu gern hingegeben hatten: «Das Geschrei traf uns wie ein Donnerschlag», berichtet der englische Wissenschaftler Lawrence Beesley.

Nun trösten sich einige Passagiere der ersten Klasse damit, dass die Schreienden offenbar Menschen minderen Ranges seien – ja, sie kommen zunächst gar nicht auf den Gedanken, es könnten auch ein paar Reiche nicht gerettet worden sein; wir schreiben 1912 und sollten die sozialen Empfindungen von heute nicht allzu beherzt zurückdatieren. Der junge Hochzeitsreisende George Harder sagt aus: «Ich glaubte, es wären Zwischendeck-Passagiere auf Flößen, und sie wären alle hysterisch» (wie die Menschen dritter Klasse eben waren, seiner Meinung nach). Mrs. Eloise Hughes Smith aus Philadelphia, die sich vor fünf Stunden beim Dinner mit dem Reeder Lord Ismay gelangweilt hat, erzählt: «Wir hörten die vielen Schreie und bedauerten» – wen? – «den Kapitän, denn wir wussten, dass er auf seinem Schiff hatte bleiben müssen. Die Schreie, dachte ich, kämen von der Besatzung oder vielleicht von Zwischendeck-Passagieren, die den Untergang verschlafen hatten. Nicht einen Augenblick kam ich auf den Gedanken, dass mein Mann und meine Freunde nicht gerettet worden seien.»

Das aber ist das zweite Signal, das die in den Booten dem Heulen und mit steigender Angst allmählich entnehmen, dass eben vielleicht doch ihre Männer und Freunde darunter sind. Und umso grässlicher ist es ihnen, entscheiden oder erdulden zu müssen, was ihr Boot tun soll: dem Getümmel entgegenrudern mit dem Risiko des eigenen Untergangs – oder von ihm weg, mit dem Risiko, den Tod des eigenen Gatten zu verschulden?

Einige schützen sich vor der Entscheidung, indem sie behaupten, die Schreie kämen gar nicht von den Ertrinkenden oder Erfrierenden, sondern von Passagieren in den Rettungsbooten, die näher an der Unglücksstelle sind und einander etwas zurufen oder über den Untergang der Titanic klagen. Andere Überlebende versuchen, die Erinnerung an das, was nun folgt, zu blockieren: «Die Titanic hinterließ uns etwas, das wir gern für immer vergessen würden», schreibt Lawrence Beesley, «die Schreie unserer vielen hundert Mitpassagiere, die im eisigen Wasser um ihr Leben kämpften.»

Doch während Beesley die Erinnerung seufzend trotzdem wachhält, um künftige Generationen zu mahnen, bekennt sich der Zweite Offizier Lightoller 23 Jahre später zum Vergessen und Verdrängen: «Sich auf eine Beschreibung dieser herzzerreißenden Schreie einzulassen, würde keinem sinnvollen Zweck dienen. Ich habe mir nie gestattet, mich in Gedanken dabei aufzuhalten.» Ja, er fügt hinzu, manchen der Überlebenden habe diese schreckliche Erinnerung vorzeitig ins Grab gebracht.

In den Booten ist ja rechnerisch noch Platz für insgesamt 467 Menschen. «Da lagen sie, die nur zum Teil gefüllten Boote, kaum 400 oder 500 Meter entfernt», schreibt später der Erster-Klasse-Passagier Jack Thayer, der im Wasser treibt; «sie hörten die Schreie, aber sie kamen nicht.»

In Boot 6 bitten mehrere Frauen, die ihre Männer unter den Brüllenden glauben, den Bootsmann Hitchens, dort hinzurudern, sie jammern, sie flehen ihn an. Doch der will nicht hören, murmelt etwas von «Bis wir da sind, sind die sowieso tot» und weigert sich hartnäckig.

In vier Booten sind es umgekehrt die Passagiere, die die Besatzung daran hindern wollen, den Erfrierenden zu Hilfe zu kommen. In Boot 2 fragt der Vierte Offizier Boxhall: «Sollen wir in die Richtung rudern, aus der die Schreie kommen?» Die Damen rufen: «Nein!» Auch in Boot 7 flehen die Frauen, sich von den Schreien fernzuhalten. In Boot 5 widersprechen alle Passagiere dem Dritten Offizier Pitman, als er zurückrudern will, darunter der Fabrikant George Harder: «Tun Sie das nicht! Da sind so viele, die würden nur das Boot zum Kentern bringen!»

Im Boot 1, einem Notboot, auf dessen 40 Plätzen nur zwei Frauen und zehn Männer sitzen, will ein Heizer auf die Schreienden zufahren – es widerspricht am lebhaftesten der Erster-Klasse-Passagier Sir Cosmo Duff Gordon, die 28 Plätze bleiben leer, und eine halbe Stunde später verspricht Sir Cosmo jedem Besatzungsmitglied im Boot fünf Pfund.

Das trägt ihm ein hochnotpeinliches Verhör vor dem englischen Untersuchungsausschuss ein: zur feinsten englischen Gesellschaft gehören, seinen Mitmenschen die Rettung verweigern und dann die Matrosen bestechen, die ihm dabei geholfen haben? Doch der Ausschuss nimmt Sir Cosmo ab, dass er bloß spontan auf die Klage der Besatzungsmitglieder reagiert habe, sie hätten nun ihre ganze Ausrüstung verloren, und gewiss werde die White Star Line ab sofort die Lohnzahlung an sie einstellen (so ist es in der Tat, pünktlich von der Minute des Untergangs der Titanic an).

Lord Mersey, der englische Untersuchungsführer, beschränkt sich daher auf den milden Tadel, Sir Cosmo hätte umgekehrt eine Initiative zur Rettung von Ertrinkenden ergreifen sollen. Lady Duff Gordon dagegen streut hochnäsig aus, die anderen wohlhabenden Passagiere der Titanic hätten gut daran getan, ebenso freigebig zu sein wie ihr Gemahl.

Im Notboot D wiederum, das um 2.05 Uhr als letztes zu Wasser gelassen worden ist, sind Passagiere und Besatzung sich einig: Dahin rudern wir nicht.

Gibt es denn nicht eine Pflicht, dem zu helfen, der in Not ist? Enthält nicht das Recht aller zivilisierten Länder eine Strafandrohung für «unterlassene Hilfeleistung»? Ja, jedoch mit Einschränkungen wie: Es muss einer nur helfen, wenn die Hilfe ihm «den Umständen nach zuzumuten, insbesondere ohne erhebliche eigene Gefahr möglich ist». In einem deutschen Kommentar heißt es: Was «zumutbar» sei, entscheide sich nicht nach juristischen, sondern nach moralischen Normen; «das allgemeine Sittlichkeitsempfinden wird keinen bis zur Selbstaufopferung gehenden Heroismus verlangen». Auch wer sich über den Grad seiner eigenen Gefährdung irrt, wer also die Lage für bedrohlicher hält, als sie ist, geht straffrei aus.

Helden sind sie nicht, die in den Booten – aber niemand kann zum Heldentum verpflichtet werden, und keinem der Überlebenden wird der Prozess gemacht. Klappernd vor Kälte hocken sie in ihrer Nussschale mitten auf dem nächtlichen Ozean, aus dem äußersten Luxus herausgerissen in die nackte Not, und nun bangen sie eben um das bisschen, das ihnen geblieben ist, das Leben, und das Mitleid mit der strampelnden Masse der Erfrierenden wird vom Gefühl der Bedrohung durch diese Masse überdeckt. Das jämmerliche Geschrei jedoch bleibt ihnen ihr Leben lang im Ohr.

In einigen Booten versuchen die Insassen, dagegen anzusingen, den Lärm zu übertönen, das Gewissen zu beschwichtigen, sich selbst moralisch aufzurüsten. Im Boot 13 will es nicht recht gelingen; Boot 11 hat mehr Erfolg, wobei der Gesang mit eigenem Geschrei und mit Hochrufen wechselt – ein gespenstischer Wettkampf um die schrilleren Töne, um das Lärmmonopol in der Nacht.

2.25 Uhr. Die beiden Hälften der Titanic rauschen in fast zwei Kilometern Tiefe dem Meeresgrund entgegen, der Wasserdruck beträgt schon hier 200 Atmosphären.

Oben hängen die Ersten, die noch unversehrt ins Wasser fielen, tot in den Schwimmwesten, gestorben an Unterkühlung oder am Schock. «Manche sahen aus, als wären sie nur eingeschlafen, den Kopf auf den Arm gelegt», berichtet der Vierte Offizier Boxhall. Auch die Schreie der anderen werden leiser, keiner hat ja so viel Kraft. Für Jack Thayer – er hat sich auf das Boot gerettet, das kieloben treibt – hört sich das Klagelied der Sterbenden an «wie das Zirpen der Grillen in einer Sommernacht in den Wäldern Pennsylvanias».

Boot 4 kehrt jetzt um – eine der beiden erstaunlichen Ausnahmen. Als die Titanic versunken war, ertönte auch in diesem Boot der Schrei: «Rudert um euer Leben, oder wir gehen unter!» – «und wir ruderten wie wahnsinnig, auch Mrs. Astor und Mrs. Thayer», berichtet Mrs. Emily Ryerson, die mit ihren drei Kindern und dem Kindermädchen im Boot sitzt. «Aber es gab gar keinen Sog, und so drehten wir um – einige Frauen protestierten, andere insistierten –, und sechs oder sieben Männer zogen wir aus dem Wasser.» Es sind Heizer und Stewards. Einer ist so sternhagelvoll, dass eine Gruppe resoluter Damen ihn niederwirft und sich auf ihn setzt. Die anderen sind fast bewegungsunfähig vor Kälte, zwei delirieren und sterben im Boot.

Auf das Notboot, das kieloben treibt, schwingt sich Colonel Gracie. Bis zum Schluss hatte er sich an der Reling der Titanic festgehalten, etwas zu lange, sodass er mitgezogen wurde und mit letztem Atem wieder an die Oberfläche kam, zwischen Trümmern und Leichen – unwillkürlich nach der Titanic suchend und erschrocken, nichts mehr von ihr zu sehen. Er will auf eine Lattenkiste klettern, doch sie dreht sich mit ihm; er sieht das Boot, auf dessen Kiel ein Dutzend Männer steht, schwimmt zu ihnen, mit feindseligen Blicken empfangen; er wirft ein Bein über den

Kiel, findet doch noch eine hilfreiche Hand und stellt sich zu den anderen: dem Zweiten Offizier Lightoller, dem Zweiten Funker Bride, dem Schiffsbäckermeister Joughin, dem 17-jährigen Jack Thayer, Sohn des Vizepräsidenten der Pennsylvania Railroad.

Als die geretteten Schwimmer das Boot schon unter Wasser gedrückt haben, rudern sie stehend davon, um sich vor den immer noch Heranschwimmenden in Sicherheit zu bringen. «Sie wollen doch sicher nicht die quälenden Einzelheiten hören?», fragt Gracie die amerikanischen Untersuchungsführer. Sie wollen nicht. Jack Thayer sagt es deutlicher: «Wir mussten einige wegstoßen.» Der Heizer Harry Senior bekommt ein Ruder auf den Kopf geschlagen, ehe es ihm doch noch als Letztem gelingt, sich hinaufzuretten.

Schläge auf die Köpfe, auf Hände, die sich an den Bootsrand klammern, Zweikämpfe im Wasser um den Platz auf einer Kiste – das muss es dutzendfach gegeben haben, aber die Opfer sind tot und die Überlebenden schweigen. Auch sie, die nicht nur keine Hilfe leisten, sondern den Tod zufügen, laden juristisch keine Schuld auf sich, für solche Lebenslagen sind die Gesetze nicht gemacht. Das angelsächsische Strafrecht kennt wie das deutsche den «entschuldigenden Notstand»: Auf ihn kann sich der berufen, der eine an sich rechtswidrige Tat nur deshalb begeht, um eine Gefahr für sein Leben abzuwenden, die anders nicht beseitigt werden kann.

2.30 Uhr. Das Vorderteil der Titanic kracht mit mindestens 25 Stundenkilometern auf den Grund des Atlantiks, wirbelt Tonnen von Schlamm auf, bohrt sich mit dem Bug tief in ihn hinein und bricht an mehreren Stellen. Das Heck donnert kurz danach auf den Meeresgrund; die Schornsteine taumeln noch und landen später. Die kurze, prächtige, jämmerliche Reise der Titanic ist zu Ende.

Oben vertäut der Fünfte Offizier Lowe sein Boot 14 mit vier anderen Rettungsbooten und scheucht seine 53 Passagiere hinüber in diese. «Springen Sie, verflucht noch mal, springen Sie!», herrscht er Miss Daisy Minahan an, eine alte Dame aus der ersten Klasse mit einem Spitzenumhang. Dann fragt er nach vier Männern, die bereit sind, mit ihm zur Unglücksstelle zurückzurudern; er findet drei Matrosen und einen Passagier.

Sie rudern bis auf knapp 150 Meter an die röchelnde, wimmernde Masse der Erfrierenden heran – und warten. Lowe ist der härteste Mann an Bord: Vor einer guten halben Stunde hat er die sprungbereiten «Auswanderer romanischer Rasse» durch Schüsse von seinem Boot ferngehalten.

Nun wartet er fast eine Stunde – «bis das Kreischen nachgelassen hatte», berichtet Lowe. «Es wäre nicht klug gewesen, vorher hinzurudern, dann wären wir alle untergegangen.» Sobald einer sich aus der Masse der Erfrierenden freikämpft, rudert der Offizier auf ihn zu und zieht ihn an Bord. Manchmal irrt er sich: Er dreht den Körper um und merkt, dass er tot ist. Auch rettet Lowe insgesamt nur vier Menschen, und einer davon, aus Mund und Nase blutend, stirbt im Boot.

Um 8.30 Uhr, mehr als vier Stunden nach der «Carpathia», die die Überlebenden aus den Booten aufnimmt, trifft die «Californian» an der Unglücksstätte ein – das Schiff, das alle Menschen von der Titanic hätte retten können, wenn nicht der Funker geschlafen und der Kapitän die Notraketen ignoriert hätte. «Ich sah wenig an dieser Stelle», berichtet Captain Lord den amerikanischen Senatoren: «ein paar Bretter, Deckstühle und Kisten. Es sah mehr so aus, als wäre ein alter Fischdampfer untergegangen.»

Wo aber sind die Leichen der tausend Erfrorenen und Zerschmetterten geblieben? Tagelang bleiben sie verschollen, Strö-

2.20 BIS 2.30 UHR

mungen haben sie abgetrieben, Eisberge sie eingeschlossen, und vom Eis halten sich neuerdings die Kapitäne fern.

Frachtdampfer, Segler, ein Kabelschiff finden sie schließlich: hier einen korrekt gekleideten Herrn auf einer Tür, da eine Gruppe, die beiderseits des Bugs emporgeschleudert wird, ehe der Kapitän «Stopp!» befehlen kann; dort eine stumme Armee, viele mit dem Kopf auf dem Arm.

Der Untersuchungsausschuss des amerikanischen Senats, der die Überlebenden befragte. Auf 1200 Seiten sind ihre Aussagen Wort für Wort festgehalten. Dieses Protokoll ist die Basis dieses Buches.

London, 16. April: Vor dem «Oceanic House» der White Star Line drängeln sich Verwandte und Freunde der Titanic-Passagiere. Genaues erfahren können sie nicht.

1912 BIS 1986
EIN SPUKSCHLOSS AUF DEM MEERESGRUND

Die New Yorker «Evening Sun» erscheint am 15. April 1912 mit der fröhlichen Schlagzeile «Alle gerettet!». Es dauert bis kurz vor Mitternacht an diesem Unglückstag, also rund zwanzig Stunden, nachdem die Titanic auf dem Grund des Atlantiks aufgeschlagen ist, ehe sich die Schreckensnachricht in New York ausbreitet: Extrablätter, schluchzende Menschen auf dem Broadway, Geflüster in den Theatern, dann Schreie, Vorstellung abgebrochen, ein Wettlauf zu den Taxis, Belagerung des Büros der White Star Line.

Aber die «Carpathia» mit den Überlebenden läuft ja erst am 18. April in den Hafen ein, und die oft schiefen Auskünfte der Reederei sind nicht nur das Ergebnis einer undurchsichtigen Informationspolitik, sondern auch der offenkundigen Unmöglichkeit, sich ein klares Bild vom Ablauf der Katastrophe zu verschaffen – kein Wunder, wenn man bedenkt, dass 1986 die Frage neu aufgeworfen wird, ob das Heck der Titanic über Wasser oder erst unter Wasser abgebrochen sei.

Noch am 19. April, dem Tag nach der Ankunft der «Carpathia» in New York, spiegelt sich die Nachrichtenlage in der «Neuen

Zürcher Zeitung» so: «Durch den Zusammenstoß der Titanic mit einem Eisberg wurde der Schiffsbug total zertrümmert und über zweihundert Mann der Besatzung, die dort schliefen, sofort getötet.» Captain Smith habe versucht, sich in seiner Kajüte zu erschießen, Offiziere hätten ihm den Revolver entreißen wollen, «darauf eilte der Kapitän auf die Kommandobrücke und tötete sich durch einen Schuss in den Mund».

Dazu eine weitere Fehlinformation, aus der bis heute die Schatzsucher Hoffnung schöpfen: «Die amerikanischen Konsulate in Antwerpen und Amsterdam legalisierten insgesamt 29 Sendungen von Diamanten, Edelsteinen und Perlen für die Titanic. Da der Dampfer 3000 Meter tief liegt, sind Taucherarbeiten unmöglich, sodass alles verloren ist.»

Alles verloren – und auf welche Weise! Eine Welle der Verwirrung, des Entsetzens und der tiefen Zweifel schwappt durchs Abendland; ganz hat sie sich bis heute nicht geglättet. «Das blinde Vertrauen in die Technik hat einen schrecklichen Schock erlitten», schreibt Joseph Conrad noch im April 1912, und in Scharen versichern die Kulturkritiker seither, schon mit der Titanic sei der ungehemmte Glaube an den Fortschritt, an die Allmacht der Wissenschaft, an die Machbarkeit der Zukunft untergegangen und nicht erst im Trommelfeuer des Ersten Weltkriegs, wie eine populärere Version besagt.

Dabei hätte sich die Katastrophe voraussehen lassen!, meint Joseph Conrad grimmig: «Man baut ein 46 000-Tonnen-Hotel aus dünnen Stahlplatten, um die Gunst von tausend reichen Leuten zu gewinnen; man dekoriert es im Stil der Pharaos und von Louis Quinze, um diesen albernen Individuen zu gefallen, die mehr Geld in der Tasche haben, als sie ausgeben können, und unter dem Beifall zweier Kontinente schleudert man diese Masse mit 2000 Menschen an Bord mit 21 Knoten übers Meer – und dann passiert's.»

«Hinterher natürlich hatten alle es kommen sehen», schrieb

Hans Magnus Enzensberger 1978 in seiner Komödie «Der Untergang der Titanic». «Hinterher wimmelte es von Fingerzeigen, Verfilmungen und Gerüchten.» Auch von Anekdoten, von Büchern – dokumentarischen, mäßig erfundenen und wüst zusammengeschluderten – und von Verzerrungen wie denen, die Titanic sei dem «Blauen Band» nachgejagt (so noch 1985 in einer Meldung der amerikanischen Nachrichtenagentur Associated Press).

Einige immerhin werden hinterher klüger: Noch 1912 wird die Seefahrt sicherer gemacht. Für alle Passagiere aller Schiffe müssen Plätze in Rettungsbooten zur Verfügung stehen, so beschließen es die nationalen und internationalen Gremien; zu jeder Stunde des Tages und der Nacht muss auf jedem Schiff ein Funker erreichbar sein; eine «Internationale Eiswache» wird eingerichtet, die Schiffe vor Eisbergen warnt.

Der 31-jährige mecklenburgische Physiker Alexander Behm, der in Wien in einer Fabrik für schallschluckende Baustoffe tätig ist, grübelt unter dem Eindruck der Titanic-Katastrophe über ein Verfahren nach, Eisberge durch Schall zu orten, und noch 1912 meldet er das Echolot zum Patent an. Ebenfalls noch 1912 wird das etwas kleinere Schwesterschiff der Titanic, die «Olympic», umgerüstet: Die vielgerühmten Schotten, die der Titanic nichts halfen, weil sie nur bis zur zweiten der sieben Etagen hinaufreichten, werden bis nach oben durchgezogen, und die White Star Line stellt das in der Werbung für das misstrauisch beäugte Schwesterschiff in den Mittelpunkt.

Schon im März 1914 – die deutschen U-Boote liegen noch friedlich in den Häfen – veröffentlicht der amerikanische Architekt Charles Smith den Plan, ein U-Boot mit Elektromagneten auszurüsten und es so lange unter der Unglücksstelle tauchen zu lassen, bis es von der Titanic angezogen werden würde; wäre so das Wrack gefunden, dann könnten größere Elektromagneten herabgelassen werden, mit Trossen daran, an denen Bergungsschiffe die Titanic emporwinden sollten.

Aber Geldgeber sind nicht in Sicht; in weiter Ferne liegt auch noch die Lösung des Problems, ein Tauchgerät zu finden, das dem dort unten herrschenden Druck von 400 Atmosphären standhalten könnte. Als der amerikanische Zoologe William Beebe **1932** in einer stählernen Kugel eine Tiefe von 900 Metern erreicht, ist das ein vielbestaunter Weltrekord. In die für die Titanic notwendige Tiefe dringt erst 1954 der Schweizer Physiker Auguste Piccard vor, der 1931 durch den ersten Stratosphärenflug berühmt geworden ist.

Die Serie der Projekte und Versuche, das Wrack aufzuspüren, beginnt **1963**: Da schlägt der junge amerikanische Physiker Robbert Gibbons vor, den Ozeanboden mit einem Netz von Fernsehkameras abzusuchen. Doch niemand unterstützt den Plan, auch nicht der im selben Jahr von Gibbons mitbegründete Verein «Die Titanic-Enthusiasten von Amerika» (der sich inzwischen in «Historische Gesellschaft für die Titanic» umbenannt hat).

1966 gelingt es dem englischen Arbeiter Douglas Woolley, einem Besessenen ohne irgendwelche Fachkenntnisse, die englische Presse für seine Idee zu interessieren: Man könnte die Titanic in Hunderte von Plastik-Containern packen und das Wasser darin durch Stromstöße in Wasserstoff und Sauerstoff zerlegen, sodass das Wrack von den Containern nach oben getragen werden würde. Doch dem Projekt fehlt es an allem, der technischen Durchführbarkeit, dem Geldgeber und sogar dem Wrack – denn wie dies zu finden sei, hat Woolley nicht bedacht.

1973 beginnt der amerikanische Meeresgeologe Robert Ballard sich für die Frage zu interessieren, wie die Titanic gefunden werden kann. Sein Studium hat sich Ballard als Delphin-Dompteur in Hawaii verdient. «Ich bat fast jede Fernsehgesellschaft der westlichen Welt und die größten Firmen Amerikas um Unterstützung», schreibt er. «Sie gaben mir alle einen Korb.»

1974: Der amerikanische Geheimdienst will ein sowjetisches U-Boot heben, das im Pazifik verunglückt ist und in 4880 Metern

Tiefe liegt, tiefer als die Titanic. Das Unternehmen kostet 350 Millionen Dollar, das Boot zerbricht – doch es ist gelungen, es zu orten und Trossen an ihm zu befestigen.

1976 erscheint das Buch «Hebt die Titanic» von dem Amerikaner Clive Cussler – unter allen rund um das Wrack erfundenen Geschichten die knalligste Räuberpistole: Eine amerikanische Bergungsmannschaft dichtet sämtliche Lecks der Titanic mit einem knetbaren Spezialstahl, den der Autor eigens zu diesem Zweck erfunden hat; dann wird das Wasser mit Kompressoren aus dem Wrack gedrückt und gleichzeitig das Riesenschiff mit 80 Sprengladungen aus dem Schlamm geschüttelt. Unversehrt (natürlich!), nur etwas vergammelt taucht die Titanic auf, reißt sich aber in einem Orkan von den Schleppern los und wird vom sowjetischen Geheimdienst gekapert, weil er in einem Tresor das wundersame Element Byzanium vermutet, welches Interkontinentalraketen wirkungslos machen kann.

Doch der Tresor enthält nur die schimmlige Mumie des Erfinders, der sich kurz vor dem Untergang den Weg dorthin freigeschossen hat, um sich in ihm einzuschließen; und nach ein paar weiteren Verwicklungen sind es schließlich die Amerikaner, die das Byzanium erbeuten und die Titanic in ihren alten Bestimmungshafen schleppen, New York. Natürlich wird der Roman verfilmt.

1978. John Grattan, der erfahrenste Bergungsexperte der englischen Kriegsmarine, gründet eine private Gesellschaft zu dem Zweck, die Titanic mit Sonargeräten zu orten und dann aus einem unbemannten U-Boot mit Videokameras zu filmen. Es ist genau die Methode, die später zum Erfolg führt – doch Grattan findet keinen, der das Projekt bezahlt.

Robert Ballard, seit nunmehr fünf Jahren von der Titanic fasziniert und inzwischen Leiter der Tiefsee-Abteilung des privaten Ozeanographischen Instituts von Woods Hole im US-Staat Massachusetts, macht im selben Jahr Versuche mit einer Tiefseekamera, die an einem Bohrgestänge hinabgelassen wird; das Gestänge zerbricht, doch eines hat das Experiment ergeben: Starke Scheinwerfer können selbst in der tintenschwarzen Tiefsee etwa 30 Meter Sicht erzeugen.

1979: Der englische Flugzeugingenieur John Pierce tritt mit dem Plan an die Öffentlichkeit, das Wrack in eine riesige Hülle zu packen und sie mit flüssigem Stickstoff vollzupumpen, der das Wasser – vier Grad über null da unten – zum Gefrieren bringt, sodass die Titanic auftaucht wie ein Eiswürfel im Whisky-Glas. Bei dem Problem, wie das Wrack zu finden sei, hält auch Pierce sich nicht auf.

1980: Der texanische Ölmillionär Jack Grimm, der schon in Schottland das Ungeheuer von Loch Ness gesucht hat, in der Türkei die Arche Noah und in Tibet den Schneemenschen, hat nunmehr beschlossen, die Titanic zu finden. Er chartert ein Forschungsschiff und sucht ein Areal von 1500 Quadratkilometern (knapp dreimal die Fläche des Bodensees) zwei Monate lang mit Sonargeräten ab. 14 Objekte werden als mögliches Wrack der Titanic identifiziert.

Robert Ballard gewinnt im selben Jahr die amerikanische Marine für die Idee, gemeinsam mit seinem Institut ein Unterwassersuchsystem zu entwickeln; die Marine denkt dabei an eine militärische Verwendung – Ballard denkt an die Titanic.

1981. Der Wettlauf zwischen Ballard und Jack Grimm verschärft sich. Grimm kehrt mit einem gecharterten Schiff der US-Navy zu der Stelle des Atlantiks zurück, unter der das von ihm identifizierte «Objekt 13» liegt: 240 bis 300 Meter lang, 30 bis 100 Meter breit, knapp 20 Meter hoch. Die Breite ist etwas reichlich – sonst könnte es in der Tat die Titanic sein. Videokameras werden hinuntergelassen; eine zeigt einen Gegenstand, von dem Grimm behauptet, es handle sich um ein Stück von einer der drei sieben Meter hohen Schrauben.

Die Walt-Disney-Filmgesellschaft tritt an das staatliche französische Institut für Meeresforschung heran, in der Absicht, das Wrack zu finden und einen Titanic-Film mit Orson Welles zu drehen; die Pläne zerschlagen sich.

1982: John Pierce, der die Titanic wie einen Eiswürfel heben will, taucht zum Wrack der «Lusitania» – 1915 von einem deutschen U-Boot versenkt (mit Elbert Hubbard an Bord, dem amerikanischen Schriftsteller, der so geistreich über die Titanic geschrieben hat); und triumphierend bringt Pierce zwei Schiffsglocken und 8000 silberne Löffel nach oben. Nur sagt das nichts aus über die Chancen, das Wrack der Titanic zu erreichen: Denn die Lusitania liegt in nur 96 Metern Tiefe im Küstengewässer vor Irland.

1984: Unter den Kameras von 161 Fernsehstationen wird ein Safe der 1956 gesunkenen «Andrea Doria» geöffnet, aus 61 Metern Tiefe geborgen. Statt der erhofften Millionenschätze enthält er Geldscheine im Wert von etwa 25 000 Dollar – ein Achtzigstel dessen, was die Bergung gekostet hat.

Die Titanic-Schatzsucher halten 1984 still, aber an vier kleinen Ereignissen zeigt sich, wie lebendig das Schiff geblieben ist: Die meisten Zeitungen der westlichen Welt registrieren den Tod von Harold Cottam, der 1912 der Funker der «Carpathia» war und einer der wenigen, die nicht schliefen; sie melden, dass in Kalifornien Edwina Mackenzie gestorben sei, Passagierin der Titanic, 100 Jahre alt, damals nur mit Zahnbürste, Gesangbuch und einem fremden Säugling im Arm von Bord gegangen, wie sie tausendfach erzählen durfte.

Frankfurts Alte Oper führt 1984 das Happening «Jungfernfahrt der Titanic» auf, mit echtem Wasser, Explosionsgeräuschen, verrammelten Ausgängen und einem Schornstein auf dem Giebel. Im selben Jahr schreibt der amerikanische Informatik-Professor Joseph Weizenbaum im «Spiegel»: «Wir sind heute alle Passagiere auf einer Titanic: Wir fahren auf den Eisberg zu, aber es ist zu spät, das Steuer herumzureißen.»

Frühjahr 1985: Robert Ballard, finanziell von der Navy unterstützt, handelt unter größter Geheimhaltung ein Abkommen mit Jean-Louis Michel vom französischen Institut für Meeresforschung aus, an das schon Walt Disney herangetreten war: Gemeinsam wollen sie das Wrack der Titanic suchen. Seit Jacques-Yves Cousteau haben die Franzosen ja Weltgeltung in der Tiefseeforschung.

Am **28. Juni** nimmt das französische Forschungsschiff «Suroit» (Südwester) die Arbeit auf: Es beginnt in einem Areal von knapp 400 Quadratkilometern (drei Vierteln des Bodensees) mit dem «Rasenmähen» – so nennen die Forscher das Abhorchen des Meeresbodens durch ein torpedoförmiges Sonargerät, das bei einem Durchlauf einen fast einen Kilometer breiten Streifen abtasten kann, wobei ihm kein Objekt von mehr als 30 Zentimetern Größe verborgen bleibt. Fünf Wochen kein Erfolg; 80 Prozent der Fläche sind «gemäht».

Da stößt am **5. August 1985** das amerikanische Forschungsschiff «Knorr» hinzu, das statt der Schrauben Rotorblätter hat, «Schneebesen» nennt sie Ballard. Sie geben dem Schiff erstaunliche Eigenschaften: Es kann seitwärts fahren, sich auf der Stelle drehen und im Sturm seine Position eisern halten. Von diesem Schiff aus werden nun die restlichen 20 Prozent des Areals durchgekämmt: mit zwei fernlenkbaren Unterwasserschlitten von der Größe eines Autos, die an einem Kabel in die Tiefe gelassen werden und außer dem Echo auch Fernsehbilder nach oben senden. Jean-Louis Michel ist mit an Bord der «Knorr» gegangen und führt gemeinsam mit Ballard das Kommando.

Fast vier Wochen lang arbeiten Wissenschaftler und Seeleute in drei Schichten. Da, in der Nacht zum 1. September 1985, zeigt der Fernsehschirm ein Objekt, das ein riesiger Dampfkessel sein könnte, mit drei kreisrunden Feuerungen – wie bei den 29 Kesseln der Titanic! «Es war wie ein Schlag in die Magengrube», berichtet Ballard.

Nun nehmen die beiden Kameraschlitten in der Tiefe vier Tage lang 20 000 Bilder auf und zeichnen nach 73 Jahren das Porträt des versunkenen Palasthotels.

Das Wrack liegt aufrecht auf dem Kiel, vorn etwa 15 Meter tief im Schlamm. Es trägt einen filzigen Überzug aus den Resten abgestorbener Tiefsee-Organismen. Das Heck ist abgerissen.

Die Kameras zeigen das Krähennest, in dem einst der Matrose Fleet seine verhängnisvolle Entdeckung machte, am umgestürzten Mast. Sie zeigen einen Bootskran, einen Ladebaum, einen Generator, die Ankerketten mit Winden und Klüsen.

Und sie zeigen um das Wrack herum ein Trümmerfeld, so groß wie 15 Fußballplätze – mit Kohlen, Koffern, Kupferpfannen, Silberplatten, Sprungfedern, Nachttöpfen und Weinflaschen, die sich nach ihrer Form sogar identifizieren lassen: Madeira, Portwein, Champagner und Bordeaux. Der erstaunlichste Fund auf diesem Friedhof ist ein unversehrtes Zierfenster, das, wie die alten Fotos beweisen, einmal die Tür zum Rauchsalon der zweiten Klasse schmückte.

Leichen oder Knochen zeigen die Kameraschlitten nicht. Auch in der Tiefsee leben Bakterien, die organische Substanzen zersetzen, und Skeletten ergeht es wie Schneckenhäusern, wenn sie in solche Tiefe sinken: Der phosphorsaure Kalk zerfällt in wasserlösliche Verbindungen, Knochen werden gänzlich aufgelöst. «Die Tiefsee ist eine gnädige Welt», sagt Ballard dazu: «Sie hat die Leichen still beseitigt» (500 Leichen übrigens – nicht 1500, wie die meisten Zeitungen hartnäckig schreiben, obwohl doch 1000 oben erfroren sind).

Die Fundstelle genau zu identifizieren, lehnt Ballard ab: rund 700 Kilometer südöstlich von Neufundland, das müsse genügen. Die Toten hätten da unten eine angemessene Ruhestätte, kein Schatzsucher oder Grabräuber solle ihren Frieden stören. «Ich appelliere an das Gewissen der Menschheit, dieses Monument nicht zu entweihen!», ruft Ballard aus.

Es trifft sich, dass sein Hang zur Pietät eine glückliche Ehe mit seinem Hang zur Publizität eingehen kann: Er selbst vor allem will ja bald zum Wrack zurückkehren und seine Bilder und seine Kommentare exklusiv vermarkten. Schon auf der «Knorr» händigt er drei Hubschraubern Filme aus.

Das ruft sogleich seine französischen Kollegen auf den Plan, die sich ohnehin übergangen fühlen, weil Ballard als amerikanischer Alleinunterhalter auftritt; in Washington versuchen sie, eine einstweilige Verfügung gegen die Verbreitung der Bilder durch Ballard zu erwirken, weil der Vertrag besage, dass die Erträge aus solchen Verkäufen zwischen Amerikanern und Franzosen zu teilen seien – vergeblich. Damit scheitert die Finanzierung des Projekts, 1986 mit einem bemannten französischen Klein-U-Boot zum Wrack zu tauchen, darüber einen Kinofilm zu drehen und auch ein paar Souvenirs zu greifen, falls ein Museum bereit sei, sie angemessen zu konservieren. Im Juni 1986 geben die Franzosen auf, einen Monat, bevor Ballard mit Hilfe des Geldes, von dem ihm nach französischer Ansicht nur die Hälfte zusteht, seinerseits die Tauchfahrt macht.

Auch sonst ist der Teufel los zwischen den beiden Ballard-Reisen: der ersten Reise im September 1985, als der Amerikaner oben Fernsehbilder aus vier Kilometern Tiefe empfing, und der zweiten Reise im Juli 1986, als er sein Tauchboot neben der Titanic parkt. Die Weltpresse berichtet über den Fund von 1985 mit einer Aufgeregtheit, als lebten wir noch im Jahr 1912: «Der Mythos Titanic ist groß und frisch wie am ersten Tag», schreibt die «Süddeutsche Zeitung». Über den Wert der Juwelen in den Tresoren wird spekuliert: Die Schätzungen reichen von hundert Millionen bis eine Milliarde Mark.

Jack Grimm, der texanische Multimillionär, lässt höhnisch und entrüstet wissen, Ballard habe lediglich das von ihm, Grimm, vier Jahre zuvor identifizierte «Objekt 13» fotografiert, also eine Grimm'sche Entdeckung bestätigt. Der amerikanischen Marine bietet der Ölbaron an, von der nächsten Expedition die Hälfte der Kosten zu übernehmen, wenn er mitmachen dürfe. Von Ballards Appell, dem Wrack seinen Frieden zu lassen, hält Grimm nichts: «Ich möchte zu gern eine Flasche von diesem Wein da unten trinken», sagt er. Dabei hat der ungeheure Druck vermutlich die Korken eingedrückt und den Bordeaux auf dem Meeresgrund verspritzt.

Zu höchster Aktivität erblüht sogleich der englische Ingenieur John Pierce, der aus der «Lusitania» Silberlöffel und Schiffsglocken geborgen und inzwischen in Neuseeland das Greenpeace-Schiff «Rainbow Warrior» gehoben hat: «Die Titanic wird hochkommen!», behauptet er. Nun will er 90 Säcke von je 30 Kubikmeter Inhalt am Wrack befestigen und in ihnen durch Stromzufuhr Wasserstoff produzieren, wie 1966 von seinem Landsmann Douglas Woolley vorgeschlagen. «Dann werden wir sie zur Werft schleppen», sagt Pierce, «und dann wird sie den Liniendienst zwischen Southampton und New York aufnehmen.»

Ein juristisches Hindernis immerhin räumt im November 1985 das britische Admiralitätsgericht aus dem Weg: Pierce gewinnt den Prozess gegen die englische Regierung, die sein Bergungsgut von der «Lusitania» beschlagnahmt hatte. Da die «Lusitania» in internationalen Gewässern liege, entscheidet das Gericht, habe die britische Krone keinen Anspruch auf sie. Pierce deutet dies sofort als Freibrief zur Bergung der Titanic.

Es gibt freilich noch jemanden, der Anspruch auf das Wrack erheben könnte: die Versicherungsgesellschaft Commercial Union, unter deren Federführung ein Konsortium seinerzeit insgesamt 20 Millionen Pfund bezahlen musste, das sind nach heutigem Geld an die fünf Milliarden Mark. Wer die Titanic oder Teile von ihr oder einzelne Wertobjekte aus ihr birgt, hat nach Ansicht der englischen Versicherer zwar Anspruch auf eine Bergungsprämie, aber keinen Anspruch auf den geborgenen Gegenstand.

Am **14. Juli 1986** schlägt dann Robert Ballard zum zweiten Mal zu. In einem dreisitzigen U-Boot von 7,60 Metern Länge lässt er sich langsam, nur 30 Meter pro Minute, zum Wrack hinab. Der amerikanischen Marine, in deren Auftrag er handelt, ist es egal, ob er das Tauchgerät an der Titanic ausprobiert: Die Militärs wollen vor allem Erfahrungen sammeln, wie man verunglückte Schiffe oder Flugzeuge aus der Tiefsee bergen, U-Boot-Mannschaften retten und feindliche U-Boote in der Tiefe entdecken und bekämpfen kann.

Nach zweieinviertel Stunden des Absinkens hat Ballard plötzlich die 20 Meter hohe Bordwand vor sich: «Ich sehe sie!», ruft er hinauf. «Mein Gott, wie groß sie ist! Wie eine riesige schwarze Mauer.»

Dann parkt er auf dem Bootsdeck in der Nähe der Brücke, dort, wo sich vor 79 Jahren die Fehler und Schrecken geballt haben; und so sehr er seine Publicity kalkuliert – solche Sätze werden wohl eher spontan aus ihm herausgebrochen sein: «Das Entsetzen ist greifbar. Das ist das reine Schlachtfeld. Die Astronauten auf dem Mond müssen sich so ähnlich gefühlt haben.» Der Stahl sieht aus, «als blute er Rost».

Und nun beginnt, in elf Tiefseefahrten von je vier Stunden Dauer, eine Erkundung des Wracks, wie sie sich so gründlich kein Laie und kaum ein Experte hat vorstellen können: Fast vier Kilometer unter der Oberfläche des Atlantiks, bei 400 Atmosphären Druck, geistern die Scheinwerfer durch die ewige Nacht, und mit Spezialfilmen von der Lichtempfindlichkeit 200 000 ASA macht die Expedition 60 000 Fotos und 60 Stunden Video-Aufnahmen.

Während die Kamera-Schlitten vor zehn Monaten das Wrack nur von oben aufgenommen haben, kann Ballard nun seitlich an ihm entlangfahren und seine Konturen nachzeichnen. Das vordere Viertel des Schiffsrumpfs hat sich schräg nach unten in den Schlamm gegraben. Das folgende Drittel, der Hauptteil, liegt annähernd waagerecht. Dahinter ist der Rumpf zum zweiten Mal gebrochen und senkt sich wieder etwas ab. Dann ist er scharfkantig abgerissen, und das Heck, 76 Meter lang, liegt rund 600 Meter entfernt auf dem Meeresgrund, noch dazu um 180 Grad gedreht, also mit dem Flaggenstock voran.

Zwischen den Wrackteilen eine Verdichtung des Trümmerfelds, das die Titanic umgibt: Kupferkessel, drei Tresore, der Porzellankopf einer Puppe, vier der riesigen Dampfkessel und auf einem von ihnen eine Tasse, unzerbrochen und gebrauchsbereit.

Der Clou der Expedition jedoch ist ein knapp einen Meter langer Roboter, der vom U-Boot aus an einem 80 Meter langen Kabel ins Wrack hineingelenkt werden kann, dorthin, wo es für das Mutterboot zu eng und für Menschen zu gefährlich wäre. Ballard dirigiert diesen «wandernden Augapfel», wie die Navy ihn nennt, über die Freitreppe in den Ballsaal der ersten Klasse und in mehrere Kabinen. Überall das gleiche Bild: glänzende Messingbeschläge, die üppigen Kronleuchter der ersten Klasse unversehrt, einer mit einem Gewächs daran, zerbrochenes oder intaktes Porzellan, ein grüner Kachelofen – doch nicht ein Möbelstück, nicht eine Spur von Holz.

Ballard glaubt zunächst, die Möbel seien beim Aufprall in die hintersten Ecken der Räume geschleudert und dabei zertrümmert worden. Doch wird rasch klar, dass es sich um die Arbeit der Schiffsbohrmuschel handelt, die sich mit ihren raspelartig gezähnten Schalen in die Zellulose frisst, von der sie lebt. Sie war der Schrecken der hölzernen Segelschiffe, längst ist sie auch in der Tiefsee nachgewiesen, und die Ankunft der Titanic auf dem Meeresgrund muss für sie ein rechtes Fest gewesen sein, eine vom Himmel gefallene Speisekammer für Jahrzehnte.

Die Löcher, die der Eisberg in die Titanic riss, sieht Ballard nicht. Das ist kein Wunder, denn der Bug steckt 15 Meter tief im Schlamm. Aus dem Umstand, dass die Nähte zwischen den Rumpfplatten an mehreren Stellen geplatzt sind, folgert Ballard jedoch, vielleicht sei überhaupt dies die Wirkung der Kollision mit dem Eisberg gewesen. Das ist nicht auszuschließen; wahrscheinlich ist es nicht: Bersten musste der Rumpf ohnehin, als beim Aufprall auf dem Meeresgrund der zweifache Knick entstand.

Bei seiner letzten Tauchfahrt legt Ballard mit dem Greifarm seines Bootes auf dem Wrack zwei Tafeln nieder. Auf der einen steht: «Zum Gedenken an die Seelen derer, die am 15. April 1912 mit der Titanic untergingen»; auf der anderen: «Jeder, der nach uns hierherkommt, möge diesem Schiff seinen Frieden lassen.»

1996 gelang es einer neuen Expedition, die Lecks zu orten, die der Titanic das Verderben brachten: Ein Side-Scan-Sonar erfasste die sechs Löcher durch den Schlamm hindurch und vermaß sie – zusammen ganze 1,18 Quadratmeter groß, in der Tat; um weniger als zwei Prozent hatte sich Edward Wilding bei seiner Berechnung von 1912 verschätzt.

85 Jahre nach dem Untergang, **1997**, war die Titanic lebendig genug, um der Verfilmung durch den Regisseur James Cameron (der zehnten) elf Oscars, mindestens 200 Millionen Kinobesucher, mehr als 1,8 Milliarden Dollar und den Superlativ «Erfolgreichster Film der Geschichte» einzutragen. Zum Erfolg trug natürlich bei, dass Leonardo DiCaprio und Kate Winslet etwas ebenso Schönes wie Abstruses tun durften: auf dem Schiffsbug, mit ausgebreiteten Armen wie Jesus, dem Untergang entgegenrauschen! Nur wäre dies eben auf keinem anderen Schiff der Weltgeschichte auch nur halb so eindrucksvoll gewesen.

2004 grub ein amerikanischer Wissenschaftler im Feuerwehrarchiv von Southampton, von wo die Titanic zu ihrer Reise in den Untergang aufgebrochen war, eine Notiz aus, wonach in einem der Kohlebunker schon beim Auslaufen ein Schwelbrand glühte. Daraus leitete er die Theorie ab: Die Besatzung habe den Brand erst unterwegs entdeckt und ihn nicht löschen können, und so habe Captain Smith sein verhängnisvolles Tempo (den

Eiswarnungen zum Trotz) durchgehalten, um den rettenden Hafen zu erreichen.

2006 erwirkte die Bergungsgesellschaft RSM Titanic Inc. beim US Court of Appeals das bis dahin umstrittene Recht, von der Titanic alles ans Licht zu holen, was sich lohnte und sich holen ließ. Längst waren es mehr als 5000 Objekte – von Kohlebrocken, die eingeschweißt und zum Verkauf angeboten wurden, bis zu einem 17 Tonnen schweren Stück der Außenhaut. Juwelen waren, einer frühen Legende entgegen, nicht dabei.

Doch der Kopf einer Puppe, mit der vor 75 Jahren ein Kind auf der Titanic spielte, ein gerettetes oder ein ertrunkenes, wer weiß: einen Versicherungswert hat der nicht, aber einen Sammler könnte er natürlich bis zur Raserei begeistern. Oder der erste Schluck Orange Pekoe Tea aus jener Tasse, die ein Jahrhundert lang in vier Kilometern Tiefe auf dem Dampfkessel stand! Gehört nicht im Marinemuseum von Philadelphia die Schwimmweste von Mrs. Astor zu den größten Attraktionen?

2009 starb in einem englischen Altersheim die letzte Überlebende der Titanic, Millvina Dean – 97 Jahre, damals neun Wochen alt. Mit ihren Eltern und ihrem Bruder war sie in der dritten Klasse gereist; der Vater starb. Um ihren Unterhalt zu bestreiten, hatte sie 2008 einen Koffer versteigert, der zwar nicht auf der Titanic gewesen, aber von ihrer Mutter als erstes Stück nach der Rettung in New York gekauft worden war – und für ein paar hundert Pfund reichte das. Kurz vor ihrem Tod fanden die drei vom Film noch Gelegenheit zu einem Geldgeschenk an die Greisin.

2011 feierte die Stadt Belfast ihren 100. Jahrestag: Am 31. Mai 1911 war die Titanic auf der Werft von Harland & Wolff vom Stapel gelaufen, die fast 15 000 Werftarbeiter jubelten, und Belfast sah sich an der Weltspitze bombastischer Technik. Im Jahr darauf, kaum sieben Wochen nach der Katastrophe, war der Stadt nach Feiern nicht zumute, auch weil viele der toten

Ingenieure und Matrosen aus Belfast kamen. «Aber 100 Jahre Schweigen sind genug!», verkündete 2011 der Hafenpfarrer. Und erst recht lief jetzt Belfasts alter Trost- und Trotzspruch um: «Als sie bei uns auslief, war sie in Ordnung.»

Nun ist sie ein Spukschloss auf dem Meeresgrund, zerbrochen, zerfressen, verrottet, und Eisenbakterien sind dabei, auch den Stahl zu zersetzen. Nur ihre Geschichte ist auch nach 100 Jahren so lebendig wie je: die größte Blamage, die der technische Fortschritt je erlitten hat; die treffendste Bestätigung von Großmütterchens Lebensweisheit: Hochmut kommt vor dem Untergang; der jäheste Sturz, den vier Milliardäre je erlitten haben; das Hohelied der Männer, die klaglos starben, der Frauen, die mit ihren Männern sterben wollten, der Musikanten, die ihren letzten Atemzug darauf verwendeten, dem Tod einen Walzer aufzuspielen – kurz: eine Tragödie ohnegleichen, ein Märchen.

Der Bug der Titanic, 3600 Meter unter dem Meeresspiegel, verrostet, verrottet, überwachsen, zerfressen. Kein guter Platz mehr für Kate Winslet und Leonardo DiCaprio.

1998/08/07 13:04:43
© 1998 Discovery Communications, Inc. www.discovery.com

*Ein 20 Tonnen schweres Stück des Rumpfes der Titanic, 1998
aus der Tiefe geholt für Forschung, Neugier und Erbauung.*

Das ist geblieben vom unseligen Captain Smith, der mit der Titanic unterging: die Badewanne, die in seiner Kabine stand; ein paar Kabelreste. Und die Erinnerung an einen Mann, der dem größten Schiff der Erde offensichtlich nicht gewachsen war – und so dem Abendland seine schauerlichste Tragödie bescherte.

WOLF SCHNEIDER

geboren 1925, ist Honorarprofessor der Universität Salzburg und Träger des «Medienpreises für Sprachkultur» der Gesellschaft für deutsche Sprache. Er war Korrespondent der «Süddeutschen Zeitung» in Washington, Verlagsleiter des «Stern», Chefredakteur der «Welt», Moderator der «NDR-Talk-Show» und 16 Jahre lang Leiter der Hamburger Journalistenschule. Er hat insgesamt 28 Sachbücher veröffentlicht, darunter große, erzählende Sachbücher ebenso wie Standardwerke zu Sprache, Stil und Journalismus. 2011 erhielt er den Henri-Nannen-Preis für sein Lebenswerk.

Mit der «Titanic» beschäftigt sich Schneider, seit er 1943 den UFA-Film über sie gesehen hat.

BILDNACHWEIS